02

까만나라 노란추장 한상기의 신앙체험기

나는 나이고 싶다

I Wish I Could Be I

한상기 Sang Ki Hahn

학자원

한상기韓相麒

號 波岩 雅正
충남 청양 태생
전 서울대학교 농과대학(농생대) 교수
전 나이지리아 소재 국제열대농학연구소 소장보
카사바 내병다수성 품종 개량보급으로 아프리카 식량난 해소
기네스 과학공로상
나이지리아 이키레읍 추장(농민의 왕)
자랑스러운 서울대인상(개교 50주년 기념식)
영국생물학회와 미국 작물학회 펠로우
전 미국 코넬대학교와 조지아대학교 명예교수

나는 나이고 싶다 I Wish I Could Be I **제2권**

2018년 3월 25일 초판 1쇄 발행

저　자 : 한상기
발행인 : 김병환
발행처 : 학자원
주　소 : 서울시 강동구 천호대로 1121
전　화 : 02) 6403-1000
팩　스 : 02) 6338-1001
E-mail : hakjaone@daum.net
등　록 : 2011년 3월 24일 제2011-14호

ISBN 979-11-6247-035-0 04230
　　　979-11-6247-033-6 04230 세트
값 15,000원

한박사가 개량한 내병다수성 카사바 품종을
나이지리아 농민이 재배하고 수확한 뿌리

나이지리아 농민들이 위 사진의 카사바 뿌리를 가공하여
가리(gari)를 만들어 길가에 내다 판다.

한 박사의 부인은 나이지리아에서 살면서
플라스틱 양동이를 기워서까지 쓰면서 절약생활을 하였다.

한 박사의 부인(추장부인, 이야아핀)이 나이지리아 부녀자들과 함께 하고 있다.
연구소 부녀자들과 함께 목걸이를 만들어 방문객에게 팔아
나이지리아 집 없는 불우아동들을 돕기도 하였다.

미국 클리블랜드에서 살면서
한 박사가 부인과 함께 나들이 가서 찍은 사진

한 박사 내외가 반세기 만에 한국에 돌아와 모처럼 한복을 입었다.

머리말

나는 1933년 칠갑산 자락 한촌에서, 어머님께서 3일간 진통을 겪으신 다음 양의의 도움을 받고, 기적적으로 나를 출산하셨다. 아버님은 정산 향교 전교를 지내신 유학자셨고, 어머님은 매년 70리 길을 걸어서 계룡산 신원사에 불공을 다니셨다.

식물유전 육종학자가 되고자 서울대 농대에 입학하여 2학년 때, 수덕사에 가서 한겨울을 지내면서, 김일엽 스님을 뵙고 좋은 말씀을 들었다.

오래도록 잊히지 않는다. 대학원시절 배문한 동문의 꾀임으로, 1959년 수원 북수동 성당에서 영세하였다. 배문한 동문은 후에 신부가 되시어 동해안에서 세 여인이 바닷물에 빠져 사경에 있었을 때, 바다에 뛰어들어 그 세 여인을 구해 살리시고, 본인은 기진하여 병원에 이송되시다 선종하시어, 살신성인殺身成仁하신 신부님이시다.

서울대 농대 교수가 되어 있었을 때, 나에게 두 갈래 길이 주어졌다.

하나는 영국 캠브리지에서 초청받아 식물유전 육종학을 연구하는 것이었고, 다른 하나는 가난과 굶주림에 허덕이는 아프리카 가난한 사람들의 식량안전을 위하여 나이지리아 이바단에 창설된 국제열대농학연구소에 가는 것이었다.

1970년(혹심한 내란이 끝난 해) 나이지리아 라고스 경유 영국 런던에 가는 비행기표를 사가지고 우선 나이지리아 이바단시에 있는 국제열대농학연구소에 가서 인터뷰한 다음, 여기에 갈까 저기에 갈까 망설이다가, 캠브리지에 가는 것을 포기하고 아프리카에 가서, 가난하고 굶주리는 아프리카 사람들의 주식작물개량을 위한 연구의 길을 택해, 1971년 아이들 셋만 데리고 큰 아이는 한국에 떨어뜨리고 갔다.

1994년까지 일왕불퇴一往不退의 각오로, 23년간 하루도 결근 않고 일하면서 공무 차 여러 아프리카 나라와 아시아, 남미 여러 나라를 다녀야 했다.

무려 73개국에 다녔다. 내병다수성 카사바를 만들어 농민들에게 대대적으로 보급하여, 기아 해소시켜 나이지리아 이키레읍 추장이 되기도 하여, 한국에서는 1980년대 초등학교 생활의 길잡이 책(3학년 2학기)에 그리고 최근에는 초등학교 6학년 1학기 국어읽기에도 소개 되었으며, 이에 대하여 웅진출판사가 펴낸 '까만나라 노란추장'이라는 책이 무려 47쇄나 나왔다.

우리 내외는 삼수갑산 나이지리아 이바단 연구소 사택에서 살면서 둘이서만 얼굴 맞대고 외롭고 쓸쓸하고 어렵게 살아야 했다. 일종의 수도생활과 같았다.

1994년에 은퇴하여 집사람이 세 아이들 가까이 가서 살자 하여, 춥고 눈 많이 오는 미국 클리블랜드에 가서 21년간 살았다. 거기에서는 오히려 더 외로웠다.

외로움을 달래기 위하여 베네딕토 수도원 수사 신부님들이 운영하는 인근 미국 성당의 새벽미사에 내외가 10여 년간 함께 나가면서 미사 참례 가기 전 나는 집에서 기도하다 무아경에 들었을 때 떠오른 것을 적었다. 그리고 아프리카에서 나를 위하여 무진 고생한 집사람이 2010년대 치매가 일어 보살펴줘야 해서 새벽 미사에 참례 못하고 5년간 집사람 거들어 주며 집에서 새벽 2시에서 5시 사이에 일어나 무릎 꿇고 합장하고 50개 성경구절을 암송하고 기도하다가 무아경에 들었을 때, 떠오른 것을 적어, 공책 170권에 적었다. 이것은 아프리카에서 23년간 그리고 미국에서 21년간 도합 44년간, 이렇게 외로운 환경에서 기도생활을 하면서 적은 것이다. 그리고 꿈도 기록하여 두었다.

치매 걸려 근 10년간 허덕이는 집사람 데리고 한국에 묻히려고 반세기만에 2015년에 귀국하여 수원에서 살고 있다.

새벽에 일어나 기도하다가 무아경無我境 중에, 떠오른 것을 적은 것이 천여 개 된다. 그 중 골라서 5권의 시리즈 책에 수록한다. 무아경 중에 떠오른 것이 다양한데도 기이하게 중복 되는 것이 거의 없고, 단속적으로 기록한 것인데, 문맥이 정연히 연결되어 있다. 이것을 수정치 않고 (철자만 고치고) 그대로 여기에 실었다. 난해한 것이 많다. 나는 어휘가 부족한 사람이다.

그런데 어찌된 것인지 써보지도 않은 단어가 튀어나와 적기도 하였다. 이것은 나에게서 나온 것이 아니라 위에서 내린 것이라고 여긴다. 나의 명상시집 '아프리카 광야에서'에 대하여 저명한 문학 평론가 정과리 선생이 이렇게 평하여 주셨다. '시편들을 읽어보면 그 각오는 신앙과 깊이 관련되어 있는 것으로 보인다. 수직의 높이에서 진리의 이름으로 그에게 내려 온 말씀이 있었을 것이다.'

나는 오랫동안 외국 생활을 하여야 했고, 농학을 한 사람이라서 여러 책을 탐독할 수 없었다. 그러나 짧은 지식으로 무아경에 대하여 알아보려고 시도했다. 최근에 심리학 해설(칼 융 지음, 성영환 옮김)에서 내가 기도 중에 체험한 것과 매우 가까운 것을 발견하였다. 그 안에 있는 꿈, 무의식 그리고 상징을 적용하여 무아경에 대하여 이렇게 외람되이 정리하여 본다.

무아경을 통하여 외부로부터 차단된 상태가 됨으로써 위선적이고 인습적인 아집의 사고에서 탈피하여 새로 나게 된다. 그래가지고 이성과 본능을 일치하게 하고, 원형과 의식 그리고 무의식의 통합을 이루어, 태초에 지니고 나온 본능에 이르게 한다. 그리고 저 심연에 깊숙이 잠겨 있는 심리의 집단적이고 구조적인 요소와 같은 원초적 심상과 접하게 함으로써, 자발적이고 창조적인 인간이 된다. 그렇게 되어 꾸미지 않고 자연스런 지혜가 풍부한 무의식의 저장고에서 충만한 기운을 끌어내고, 명확하고 신선한 메시지가 나타나게 한다. 그렇게 됨으로써 자아 실현되어 영광스럽고, 보람 있고, 보다 순수한 삶을 영위할 수 있게 된다. 종국적으로 하느님 보시기에 좋은 모습으로 하느님께 나아가, 하느님 사랑 받고, 하느님과 함께 할 수 있게 된다.

무아경은 정신 건강뿐만 아니라 신체건강에도 매우 좋다.

논쟁 대상이 될 글들이 많으리라 본다. 이점 너그러우신 아량으로 읽어주시면 감사하겠다.

이 책에 실은 글들은 주로 클리블랜드 아삼숀 성당(베네딕토 수도원 수사 신부 운영)에 나가면서 기도 중 무아경에 들었을 때 떠오른 나의 신앙체험의 기록인데, 대화 형식으로 적었다. 하느님과 예수 그리스도 그리고 성령 또 성모님과 대화한 것이라 여기고, 첫 번째 난에는 나의 말을, 두 번째 난에는 성령·성모님의 말과 예수 그리스도와 하느님의 말씀이라 기록하였다. 성령·성모님의 말씀과 하느님의 말씀은 글자 모양을 다르게 하여 구분하였다.

- 성령·성모님의 말씀: 존재의 존재 가운데 / 제일 가까운 존재가
- 하느님의 말씀: 항상 있으니까 / 어디에나 있으니까!

집사람이 치매로 어려움을 겪어갈 때 기도하면서 무아경 중 떠오른 것이 보다 간절했고 좋았다.

나에게 십자가는 십자가이기에 충분한 십자가인가?
정녕 나는 하느님 보시기에 좋은 나인가?
나는 그런 나이고 싶다.

아프리카에서 23년간 희생하면서 나의 뒷바라지 하여 준 나의 충실한 아내 김정자 필로메나에게 감사한다. 원고를 읽어 주시고, 좋은 조언과 간곡한 격려말씀을 하여주신 정양모 신부님, 곽현석 스님, 김상호 목사님, Yung Bok Johnson 목사님, 차영규 교수님, 배일동 명창님, 이지연 시인 여행가, 박찬현 시인 영성가, 김연수 국장님에게 감사한다.

표지 제목은 한국서예협회 용인 지부 지부장이시고 한국서예협회 심사위원이신 담산 이순금 선생이 친절히 써 주신 것이고, 표지 그림은 15권의 책 저자이시며 특히 산문과 그림으로 엮은 '황혼은 어디서 그렇게 아름다운 상처를 얻어 오는가'의 저자인 배문고등학교 국어교사 김보일 선생님의 드로잉이다. 저자초상과 본문 제목 옆에 있는 '길' 그림은 파리에서 활동하는 세계적인 화가 정택영 화백의 작품이다. 이순금 선생님, 김보일 선생님, 정택영 화백, 학자원 김병환 대표에게도 감사의 마음을 전한다.

한상기 씀

너희가 내 말을 마음에 새기고 산다면,
너희는 참으로 나의 제자이다.
그러면 너희는 진리를 알게 될 것이며,
그 진리가 너희를 자유롭게 할 것이다.
(요한8, 31-32)

우리 마음에 주님의 말씀을 새기고 산다면
우리는 참으로 주님의 제자가 될 수 있다.
그러면 우리는 진리를 알게 될 것이고
그 진리가 우리를 자유롭게 할 것이다.

시인 영성가 박찬현 바울라 님의 서평

하느님의 현존을 드러내신 이 글은, 무엇보다 저자著者이신 한상기 로렌조 박사님의 기도를 통해서 '하느님의 뜻' 영성을 알려주셨습니다. 아주 작은 사람을 통해 당신의 영광을 드러내시는 하느님께서는, 이미 기아饑餓에 시달리는 '아프리카'라는 세상 오지奧地에서 그들을 위해 한평생 식량난을 해결하게 하신 '하느님의 구원 사업'을 하셨습니다. 그런 당신의 작은 사람을 통해 또 '하느님의 뜻'을 주셨습니다.

그리하여 저자는 더 이상 작은 사람이 아니고 '하느님의 뜻'이 현존하는 큰 영광이 되셨습니다. "나는 나이고 싶다"라고 말씀하시는 기도 묵상집默想集 제1, 2권을 탐독하면서, 저의 비루한 묵상으로 거대한 대문을 조심스럽게 두드리며, 하느님의 큰 영광을 가릴 수 있기에 작은 마음으로 문 앞에 섰습니다.

제1권 117쪽 〈존재이유〉에 묵상하신 글을 보면 "모든 것은/ 말씀을 통하여/ 생깁니다!// 모든 것은/ 빛을 통하여/ 살아갑니다!// 이것도/ 모르고/ 살아가는 것입니다!// 존재하면서/ 존재의 원인도/ 모르고 산다면/ 그 존재의 가치가/ 있겠습니까?// 존재의 이유도/ 하느님이 주시고/ 존재의 의미도/ 하느님이 주십니다!// 사람이/ 이 세상에 태어나/ 살아가면서/ 알아야 할 것은/ 이것입니다!// 이것을 모르면/ 삶의 이유가 없고/ 삶의 뜻이 없고/ 삶의 가치가 없습니다!"

보편적으로 하느님天主을 공경하는 이들은, 기도로 하느님과의 대화(응답)를 합니다. 침묵과 묵상 가운데서 자신의 정신세계를 정화하고, 새로운 신심信心으로 갈아입으며 삶의 가치를 땅이 아닌 하늘에 두고 있습니다. 그것은 육신을 가진 생명의 존재로서 현재를 살아가고 있기에, 매일 살아 온 시간들을 성찰하고 또 보완하는 삶의 일환이며, 현실에 영원한 생명의 통로가 존재하고 있음이기 때문입니다. 우리는 기도라는 개념을 자칫 기복적인 차원에 둘 수도 있지만, 오래된 묵상과 관상가들의 사념들을 통해 기도의 길을 찾아 나서기도 합니다. 그것은 위에 한 꼭지 올린 〈존재이유〉에서 볼 수 있습니다. "존재하면서/ 존재의 원인도/ 모르고 산다면/ 그 존재의 가치가/ 있겠습니까?/ 존재의 이유도/ 하느님이 주시고/ 존재의 의미도/ 하느님이 주십니다!"

우리가 존재하는 이유는 또 하나 있습니다.

하느님께서 우리 안에 계시면서 '하느님 뜻'으로 존재하시고자 합니다.

[주의 기도]를 보면 그 안에 '뜻'이 있습니다.

아버지의 뜻이 하늘에서와 같이 땅에서도 이루어지소서!

'하느님의 뜻'이 우리 안에 계시도록 하려면, 자신의 뜻이 소멸해야 하는데, 이 점이 참으로 어려운 방법이 아닐 수 없습니다. 또한 많은 이들이 그 방법론에 관하여 어려워합니다. 그래서 많은 관상 기도와 묵상 기도들이 고난과 침묵 가운데서 얻어지기도 합니다. 이 묵상 기도를 집필하신 저자께서 이토록 깊은 하느님과의 영적 대화를 하셨다는 점에 적잖이 놀라고 느낀 점은, 하느님께서는 모든 각 처지의 사람들의 그릇에 알맞게 '영적 목마름'을 적셔 주는 생명수를 주신다는 것을 알았습니다. 또한, 이 시대의 (이냐시오) 성인을 만났기에 그러했습니다. 이 귀한 묵상 기도집을 접하는 이들은 참된 영적 기도의 길잡이가 될 것이라는 생각을 합니다. 우선 ('하느님의 뜻'이 우리 안에 계시도록) 하려면, 우리의 뜻을 없애야 하는데 그 난제를 함께 묵상해봅니다. 우리의 뜻을 없애는 것은 은총이고, 하느님께서 우리 안에서 '하느님 구원사업'을 하시면 생애의 큰 축복이라고 생각합니다. 우리 안에는 자신의 뜻이 세상을 살아가는데 분명 필요할 것이며, 그것을 없애는 일은 반복되어야 할 것입니다. 오늘 나를 낮추어도 내일 또 다른 자아가 생성되기 때문일 것입니다. 자신이 하염없이 낮아지고 비천해져야 하는데 그리 쉬운 일은 아닐 것입니다. 그래서 매일 밥을 먹듯이 작아지는 일은, 양식을 먹는 일의 연속입니다. 세상이 주는 재화와 권력과 명예를 내려놓는 일, 하느님이 우선이 되고 하느님이 주신 말씀을 세상살이 앞에 먼저 놓아야 합니다. 하루 24시간 동안 늘 사랑하는 이를 그리워하듯이 하느님을 생각하며, 타인이 주는 모든 불편한 관계들을 감수해야 할 것입니다. 자신이 작아지는 일은 모든 불편과 무시와 모욕을 받아들이는 가운데 아마도 '바보'라는 경멸을 당할 수도 있습니다. 모욕과 경멸은 자칫 격정의 심신을 만들지만, 하느님을 공경하는 신앙인의 자세로서는 격정을 잠재우는

수련이 되어야 하고, 모든 삶이 인내의 연속이 되어야 합니다.

그러나 인내의 지속이 유지 될 수 없는 이유의 하나인 이 어려움을 많이들 토로합니다. 그 점에 대해서는 보통 이러합니다. '이러한 불편을 감수하고 바보가 되어서 얻어지는 것이 무엇인가?'라는 의문을 가지게 됩니다. 이러한 일은 수도자나 성직자들이 해야 할 일들이 아닌가, 라는 생각도 들게 합니다. 그래서 '하느님의 뜻'을 자신 안에 모시기 위해서는 세상살이가 녹록치 않음에도 불구하고 어려운 환경을 지나 온 이들에게는 스펀지에 잉크가 스며들듯 '하느님의 뜻' 영성이 아주 시원하게 또는 위안으로 스며듭니다. 더 이상 작아질 이유가 없는 이들에게는 말입니다. 또한 생명을 거의 다 살아서 이제 연로하여 마지막 여정을 바라보는 이들 역시 쉽게 이해가 갈 수 있을 것입니다. 보통 그러한 이들은 지나간 시간들을 후회하는 일이 있을 것입니다. '그때 내가 조금만 참았으면 좋았을 것을……' 하며, 이 작은 편린들의 반추를 뼈저리게 느낀다는 것은 마음속에 이미 '하느님의 뜻'이 계시기에 적합한 환경이 될 것입니다.

이 묵상 기도집은 오롯이 '하느님의 뜻'으로 가득 차 있습니다. '하느님의 뜻'이 계시는 저자의 내면에 작아진 겸손이 있기에 가능한 것입니다. 우리의 몸은 이 세상에 빌려서 살다가 돌려주고 가야하는 입지인데, 그 육신에 아집을 입히고 씌워봐야 아무런 효용가치가 없다는 결론이겠지요. 모든 사람들은 하느님이 지으신 작품이니 그 작품에 대하여 논할 입장도 아니며, 그 작품이 더러 화나게 한다고 해도 덩달아 화낼 일이 없어야 자신이 작아집니다. 그럴 때마다 우리는 먼저 하느님을 생각하고 그분께 대화를 해야 합니다. 자신의 상황을 알리고 조바심 없이 조용히 깨우침을 기다리는 것입니다. 깨우

침을 주시는 일도 '은총'이 있어야 합니다. 그 '은총' 역시 '하느님의 뜻'으로 연결되는 고리입니다. 그러니 매사 자신이 작아져야 하는 이유이기도 합니다. 눈에 보이지 않는 것도 모두 알아서 처리해주시는 분이 곧 하느님이시니까요. 현재의 자신에 충실한 이는 하느님이 사랑하시는 이들입니다. 현재에 충실한 이는 잠시 짓는 죄도 빨리 뉘우치고, '하느님 뜻'이 원하는 대로 살아가는 이들입니다. 뉘우치고 깨달음의 연속 과정에서 자신은 조금씩 작아지고, '하느님의 뜻'은 조금씩 커져만 갑니다.

이 묵상 기도를 읽고 함께 기도하고 묵상한다면 자아自我가 작아지는 길잡이가 될 것입니다. 이 시대를 살아가는 우리에게 알맞은 응답의 기도이므로 충분한 삶의 지침서도 될 것입니다. 자신의 뜻 안에 '하느님의 뜻'이 계시면, 사는 일이 기쁨이 될 것이므로 살아가는 일이 행복할 것입니다. 부디 이 귀한 묵상 기도를 통해 매일 겸손으로 작아지고, 영원으로 이어지는 큰 축복을 받을 수 있기를 기원합니다.

2018년 2월 박찬현

서울제일교회 김상오 목사님 서평

존경하고 사랑하는 한상기 박사님의 '나는 나이고 싶다(I Wish I Could Be I)' 책을 받아서 만나보고, 박사님께서 걸어오신 신앙과 생애의 발자취를 회상해 보며, 그 동안 함께하신 하나님의 은혜에 감사를 드리며, 존경하는 마음을 한상기 박사님께 담아 드립니다.

사도바울은 사명을 위하여 자기의 생명을 대가로 지불하며, 나의 나 된 것은, 오직 하나님의 은혜라고 고백하며 사명을 다 했는데, 한상기 박사님의 글들마다 이러한 면면을 만나게 됩니다.

모세는 아무것도 아닌 자라 할지라도, 전능하신 하나님이 들어서 시면 권능자가 될 수 있다는 것을 깨달았습니다. 한상기 박사님의 생애가 마치 모세와 같은 생애이신 것만 같습니다. 신앙과 삶의 자취가 녹아, 살아 노래하며 숨쉬는 "나는 나이고 싶다" 기도의 글을 사랑합니다.

행복은 우리 모두의 이상이요, 꿈이라 할 수 있습니다. 행복론의 저자 힐티는 말하기를 "모든 참다운 행복은 우리의 힘 닿는 곳에 있다는 것을 기억하라. 힘이 미치지 않은 먼 곳에 있다고 생각지 마라"고 했습니다. 그러면서 그는 참된 행복은 그리스도 안에 있을 때만이 가질 수 있는 것이라고 했습니다. 사랑하고 존경하는 한상기 박사님 사랑하는 사모님의 건강회복을 위해 기도 드립니다. 믿음으로 승리의 생을 살아오시며, 행복자의 생애를 살아오신 박사님 사랑합니다.

곽현석 스님의 추천사

예술과 문학은 그리고 나라는 존재를 통해 피어나는 세계의 꽃이라 생각합니다. 세계는 이 꽃이 피어남으로써 비로소 의미를 갖게 됩니다. 그중에서도 시인은 마음이라는 대양에서 미지의 생물을 건져 올리는 어부와도 같다고 생각합니다.

한상기 박사님은 아프리카에서의 실천과 봉사로써 이미 자신의 깨달음을 보이셨지만 그 힘의 원천이 더 깊은 영혼의 뿌리에 닿아있음을 글을 받아 읽고 나서야 알 수 있었습니다.

하나님과의 합일을 소망하시는 한 박사님이 나 같은 승려에게 추천사를 왜 부탁하셨을까? 어떻게 써야할까? 고민도 되었지만, 하나님을 깨닫고 하나님을 통한 삶을 깨닫는 일이 불법佛法을 깨닫고자 하는 우리와 조금도 다르지 않다고 생각이 들었습니다.

이미 한 박사님은 믿음의 성도인 신앙인이자 진리를 탁마하는 구도자이기도 하기 때문입니다. 구도의 여정이나, 하나님과의 합일이나 진정한 자신의 깨어짐과 본래에 대한 깨달음이 없이는 처음과는 다른 그 무엇이 되기 십상입니다.

요즘같이 더 복잡해지고 가까워진 현대에서는 더욱 길을 잃기 쉽습니다. 합의된 조화나, 평화 속에서 바닥없는 진정한 자신의 깨어짐은 일어나지 않습니다. 바닥을 뚫고 솟아나는 "참"도 샘솟지 않습니다.

해와 달이 함께 어우러지고
불과 물이 공존할 수 있는가
해가 뜨면 달이지고
물이 솟는 곳에 불이 꺼지네.
삶이 있으면 죽음이 멀고
죽음이 있는 곳, 삶이 그치는 곳이네.
극단은 항상 서로 시비하며 마찰하며 살아가네.
너와 나도 그러하고
나와 주님도 그러하네

해와 달이 처음부터 함께 있고
용과 호랑이가 함께 노니는 세계가 있다면
나와 주님도 그러할 것이네.
그것을 둘로 쪼개보는 것은 변덕스런 우리마음 아니던가.

한 박사님의 시를 통해 많은 분들이 온전히 자신이 깨어지고 하나님과 하나됨을 명상하고 깨달아가는 기쁨이 충만하기를 기대하고 확신합니다.

무엇을 걱정하십니까. 기도할 수 있는데,

김인자(시인, 여행가)

어떤 끌림이 있었을까. 아니면 누가 그 먼 곳으로 이분을 부르셨을까. 이 책의 저자 한상기 박사님은, 나이지리아 이바단의 국제열대농학연구소에서 23년간 연구를 거듭하는 동안, 내병다수성 카사바 개량종을 만들어 아프리카 가난에 기여한 공으로 이키레읍 추장으로 추대된 바 있다. 자신이 머문 자리에서 묵묵히 혁명을 일으킨 희생과 공적을 범부인 나로서는 일일이 열거할 수 없지만, 그 대표적 예로 지금껏 많은 아이들에게 읽히고 있는 『까만 나라 노란 추장』(웅진출판사) 대한민국 초등학교 6학년 1학기 국어읽기 교과서다.

박사님은 생의 반 이상을 타관에서 보냈고, 그 반을 아프리카 농학연구에 바친 시간은 절대 외로움과 싸워야 했던 수도생활과 다를 바 없었다고 술회하였는데 그만큼 신앙에 몰입할 수밖에 없는 고독

한 삶이었음을 반증하는 것이리라.

이 책은 약 44년간 기도의 응답을 적은 170권의 노트를 축약했으며, 박사님의 글을 읽는 동안 내가 맞닥뜨린 감정은 아이처럼 참으로 순수한 성정性情을 가졌다는 것이다. 문체에 화려한 수식어나 미사여구가 없는데 감동을 주는 이유도 그 순수한 성정과 무관하지는 않을 것이다.

책 머리말에도 '이것은 나에게서 나온 것이 아니라 위에서 내린 것'이라 했듯, 문장을 억지로 짜서 엮은 것이 아니라 새벽기도 중 무아경 상태에서 그분이 주신 말씀을 받아 적었다는 것에 의심의 여지가 없다.

무아경無我境의 사전적 의미는 '정신이 한곳에 쏠려 자신을 잊는 경지'라 정의하고 있지만, 크게 보면 영혼의 씨앗이 발아한 태초의 자리로 돌아가는 것, 타의에 휘둘리지 않고 자의적 간구로 이루어지며 신과 일대 일의 관계에서 천착은 물론 집중적이고 지속적인 몰입이 요구된다. 어쩌면 신앙심에서의 무아경이란, '오직 당신의 뜻대로' 라는 명제 앞에 몸을 낮추고 엎드리는 일이며 의심을 가지되 의심을 버리고 믿고 맡기는 것일 터다.

사람으로 세상에 와서 한 점 부끄럼 없는 삶을 살다 갈 수 있을까. 본인의 의지와 상관없이 벼랑 위를 홀로 걸을 때 우리는 무의식중에 손을 잡아 줄 그분(神)을 찾는다. 그리고 실낱같은 기도를 통해서 마음의 키가 자라는 걸 경험한다.

나는 '한 가지를 오래 생각하는 것이 기도'라는 나름의 정의를 갖고 있다. 그러므로 기도란, 나 개인의 유익만을 위해서가 아니라 타인을 위해 함께 걸어주는 것, 보상 없이 상대를 기쁘게 하는 것, 낮은 곳에 숨어 선행을 이루는 것, 두 팔로 가난한 이웃을 안아주는 것, 밥을 나누고 사랑을 나누는 것, 용서를 구하여 끝내는 그분을 기쁘게는 하는 일이 아닐까 싶다.

이 책 본문 '약유어천주'의 한 대목 속에는 박사님이 전하고자 하는 모든 것이 함축되어있다. 이 메시지는 쉽고 간결하지만 울림이 크다.

간다고 하는 것은
가는 것이 아니다!
온다고 하는 것은
오는 것이 아니다!

내 안에
머물면
가고 오는 것이
없다!

내가 자주 오가는 골목 끝에는 유독 작은 십자가 하나가 눈에 들어온다. 보다 구체적으로 말하자면 십자가보다는 낡은 천막교회입구에 걸려있는 현수막의 글귀다. "무엇을 걱정하십니까. 기도할 수 있는데," 실행하지 않는 기도가 무슨 의미가 있을까만, 종교를 갖지 않는 사람일지라도 살면서 크고 작은 시련이 닥칠 때 이 말씀과 마주하면 위안을 받을 듯싶다. 아니 어쩌면 내 자신이 기도가 필요한 때가 되어서야 그 글귀가 눈에 들어온 것인지 모르지만, 곱씹을수록 위안이 되는 전언이다.

물아일체物我一體, 타인은 속일 수 있어도 자신을 속일 수 없듯, 자신은 속일 수 있을지 몰라도 내 안의 신은 속일 수 없다. 조용히 무릎을 꿇어 기도하다 보면 누구라도 영혼의 피안을 만나게 될 것이다.

박사님께서 이 책을 세상에 선보이는 이유 또한 '밤마다 초에 불을 붙이고 그 초를 다른 초에 옮기는 마음'과 같지 않을까 싶다. 절실한 간구도 필요하겠으나 진실한 간구가 아니면 응답하지 않는다는 것, 박사님의 신앙 간증집(고백록)을 읽으며 든 생각이다.

가나 아칸 족 격언에 "한 그루의 나무로는 숲을 이룰 수 없다."고 했다. 『나는 나이고 싶다』 이 책이 세상에 나오는 순간, 보다 많은 독자들을 만나 그분의 말씀과 기도가 한 그루 나무에 그치지 않고 무성한 숲이 되는 놀라운 축복을 기대해 본다.

무술년 새해 대관령 산방에서 쓰다.

미국 미네소타에서 사시는 Yung Bok Johnson 목사님의 서평

Rev. Yung Bok Johnson's Comments

Pardon me, please, the finger is getting stiffer by now. Life's lesson/Way From 'I Wish I Could Be I' By Dr. Sang Ki Hahn. Your Being, breathing, conversation/meditation with Heavenly Father, acting with absolute ADORATION, trust, submission to our FATHER without any reservations, "WALK WITH FAITH NOT BY SIGHT" Scattering SEEDS OF LOVE(GOD IS LOVE), shed HIS

LIGHT on your path, wherever your journey led, it defines what Life-living should be like while our spirit is in our physical body, glorify during we are on this beautiful planet.

I AM IN DIVINE,
DIVINE IS IN ME,
I AM DIVINE.

죄송합니다. 현재 나의 손가락이 굳어가네요.(목사님께서 건강상태가 매우 좋지 않아)

박사님의 '나는 나이고 싶다'는 삶에 대한 교훈입니다.

박사님께서 아무 조건 없이 주님을 믿으시며, 주님께 자신을 완전히 내 맡기시고, 찬양하시면서 숨 쉬며 대화하시고, 명상하시어 눈으로가 아니라 믿음으로 걸어가시게 되셨으니 그에 대하여 전적으로 칭송합니다.

박사님께서 걸어오신 길에, 주님 사랑의 씨앗을 뿌리시고 빛을 밝히셔서, 어디를 가시나 생명과 삶에 불을 밝히시고, 우리의 영이 우리의 육체에 머무는 동안 우리가 어찌 살아가야 하는지를 잘 알리십니다. 그리고 우리가 이 아름다운 우주에 머무는 동안 주님께 영광드리게 하십니다.

'나는 주님 안에 있고
주님께서 내 안에 계시니
나는 성스럽다'
고 멋지게 읊으셨네요.

차례

비우세요, 내리세요, 버리세요

섭리, 계시, 훈시

은총 축복 영광 희망 찬양

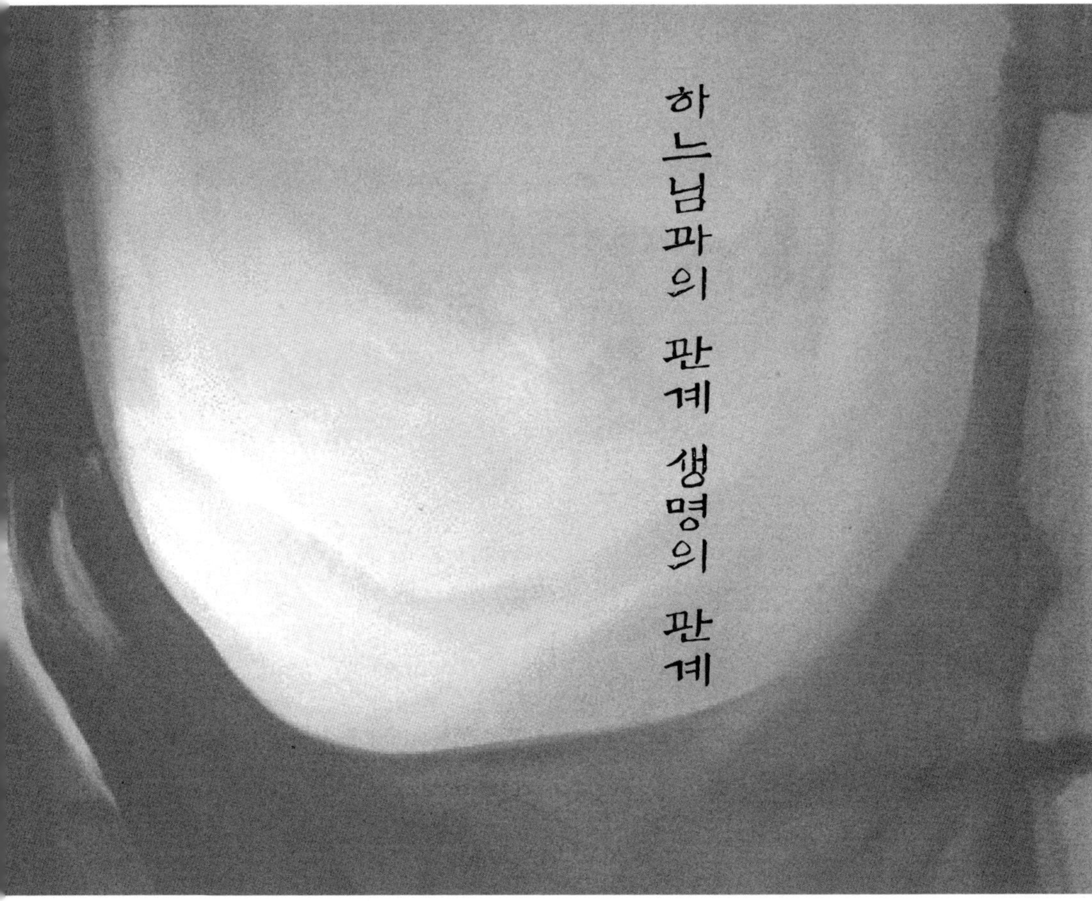

하느님과의 관계 생명의 관계

생명의 관계

아냐!
아냐!
정말로 아냐!
그것이 아냐!

그러면
무엇이라는 것입니까?

보라!
나를 보라!
나다!
나라고!

너희들이
찾아 알아야 할
나다!

나 없이
네가 없다!

보라!

해를 보라!

해 없이
만물이 존재할 수 없듯이
나 없이
만물이 존재할 수 없다!

바로 이거다!
이것을
진리라고들 한다!

해 없는 세상은
암흑이듯이
나 없는 세상도
암흑이다!

암흑 속에서
너희들이 존재할 수
있을 것 같으냐?

너와 나와는
생명의 관계다!
존재를 넘어
생명의 관계다!

이것을
알아야 한다!
생명의 관계라는 것

이것 말이다!

생명은
존재를 아름답게 한다!
존재를 뜻 있게 한다!
존재를 영속하게 한다!

생명의 관계
너와 나와의 의미이다!
생명의 신비
너와 나와의 신비다!

이것을
기억하거라!

네!
감사합니다!
그리 하겠습니다!

잘 생기다

잘 생겼다고
불러주세요!

무슨 특별한 이유라도
있습니까?

이유는
나에게는 없소!

그저 그런 거요!

생긴다는 말이
무슨 뜻인지
아세요?

거기에는
매우 묘한 의미가
담겨 있어요!

생긴다는 것은
없던 것이

새로 나는 거요!

생긴다는
이 말 안에
나의 정체가
들어있오!

성경의 의미가
다 들어있고요!

그러니 무궁무진한
의미가 들어있어요!

잘 생겼다는 것은
뜻대로 생겼다는
뜻이요!

하느님 뜻대로
생겼다는 뜻이요!

생겼다는 말을
더 공부하여 보세요!

그 안에서 많은 것을
배울 수 있을 겁니다!

네!
그러겠습니다!

생명生命이 어찌 왔는지

야!
너는
이것을 아느냐?

무엇 말입니까?

생명 말이다!

생명이
어찌 왔는지
아느냐?

생명을
옆에다 두고도
몰라!

야!
너는
이것을 모르느냐?

생명生命은 길

생명은
온다고도 하고
생명은
간다고도 하지만

진정한 생명은
오는 것도 아니요
가는 것도 아니다
진정한 생명은
오늘 여기에 있다

생명은
남의 생명을 죽여서
나의 생명을 살린다

진정한 생명은
나의 생명을 죽여서
남의 생명을 살린다

십자가가

나의 목숨을 죽여
남의 목숨을 살려 주는
진정한 생명이다

Life

It is said that
Life comes and goes

Real life however
Does not come and go
It is
Right here and right now

Ordinary life makes itself live
By sacrificing others

But true life
Makes others live
By sacrificing its own

Crucifixion is truly a living thing
As it saves many lives
By sacrificing its own

길은 생명에로의 길이다

나는 길이요,
진리요,
생명이니
나를 거치지 않고서는
아무도 하느님 아버지께
나아갈 수 없다.(요한 14,6)

길은 생명에로의 길이요,
진리는 생명에로의 진리요,
생명은 생명에로의 생명이다.

길은 하느님 아버지께로의 길이요,
진리는 하느님 아버지께로의 진리요,
생명은 하느님 아버지께로의 생명이다.

예수 그리스도는 생명에로의 길이요,
예수 그리스도는 생명에로의 진리요,
예수 그리스도는 생명에로의 생명이다.

예수 그리스도는 하느님 아버지께로의 길이요,

예수 그리스도는 하느님 아버지께로의 진리요,
예수 그리스도는 하느님 아버지께로의 생명이다.

I am The way
The truth
The life
No one comes to the Father
Except through me (John 14, 6)

The way is the way towards life
The truth is the truth towards life
The life is the life towards life

The way is the way towards the God Father
The truth is the truth towards the God Father
The life is the life towards the God Father

Jesus Christ is the way towards the life
Jesus Christ is the truth towards the life
Jesus Christ is the life towards the life

Jesus Christ is the way towards the God Father
Jesus Christ is the truth towards the God Father
Jesus Christ is the life towards the God Father

How can I run it?

That is very simple!

By relying entirely on Him!

Then, there is no problem, no trouble!

하느님께 온전히 매달리면
안 되는 게 없습니다!

건강도 그렇고
재물도 그렇고
모두 그러합니다!

다만 얼마만큼
충실히 매달리느냐에
달렸습니다!

하느님 사랑은
햇빛처럼

만인에 쪼입니다!

이 사랑 받아
우리가 살고 있는 것입니다!

아이구
참으로 커다란
은총입니다!

생명 주시는 하느님보다
더 한 분이 있겠습니까?

없습니다!
절대 없습니다!

보세요!
억조창생의 생명!
모두
하느님의 은총으로
살아가고 있습니다!

이것을 알아야 하는 것이
기본입니다!

하느님과 사람간의 관계를
아는 기본입니다!

하느님과 사람과는

생명의 관계이기 때문입니다!

하느님으로부터 태어나서
하느님으로 말미암아 살아가고
하느님으로 가게 되기 때문입니다!

그러니
이것을 알면
다 아는 것입니다!

알겠습니까?

네!
잘 알겠습니다!

내 생명 하느님 생명

나는
그분 안에
그분 가까이
있는 것이
좋아!

무한한 고통을 넘어
하나의 연약한 생명으로
주님 안에 살아 있음이
나는 좋아!

고통은
그분께 가는
지름길이야!

무한한 고통 없이
나의 생명 발견 할 수 없으니까
그 고통 참고 견뎌 가는 거야!

그래가지고

그분 안에
살기를 바라는 거야!

그래가지고
내 생명은
나의 생명이 아니라
하느님 생명이라는 것을
깨달아 알게 되는
축복 받게 되는 거야!

내 생명
하느님의 생명이라는 것을
알게 되는 거야!

그러니
내 생명 귀히 여기고
남의 생명 귀히 여겨야 해!

생명은
그냥 단순한 생명이 아니야!
고귀하고 거룩하고 귀중한
생명인 거야!

생명이
원동력이야!

하느님께 나아갈 수 있는

하느님과 함께할 수 있는
원동력이야!

그 힘은 보이지 않아!
하느님이 보이지 않듯이!
그러나 있어!
하느님이 계시듯이!

내 생명을 하느님의 생명으로

무한한 고통을 넘어
내 생명을
하느님의 생명으로…

그러면
내가 내 안에서
살고 있는 것이 아니라
하느님께서
내 안에서
살고 계신다.

이게
내 생명이
지향하여야 할
의미다!

이게
내 생명이
하느님께 드린
영광이다.

십자가의 고통
사람의 생명에서
하느님의 생명으로
승화한다.

그러면
유한과의 생명
영원의 생명으로
이어진다.

영원한 하느님의 생명으로.

생명을 지키려면 길

아프게 아니 하시려면
무조건
따라야 해요!

생명은
무한의 일부라고요!
네! 생명은
무한의 일부라고요!

생명을
지키려면
무조건 따라야 해요!

무한(無限)에 대한 개념은 생명(生命)은 파괴될 수 없다는 것을 수락하는 것을 내포한다. 생명은 형태를 바꿀 수는 있지만 파괴될 수 없는 것이다.
씨가 나무가 되고, 알이 유충이 되고, 번데기로 되고, 나방이 되듯이 생명은 이렇게 형태는 바꿀 수는 있지만 파괴되지 않는다. 생명을 지키려면 주님의 길, 주님의 말씀을 따라야 한다.

회귀回歸와 상관相關과의 관계關係

꿈속에서

$$r = \sqrt{by.x \ \ bx.y}$$

상관계수 회귀계수

회귀(回歸)는 양방향적(兩方向的)이다.

by.x	가는 방향
bx.y	오는 방향

이 두 회귀계수(回歸係數)의 기하학적 평균이
상관계수(相關係數)다. r 이다.

상관(相關)이란 양방향적(兩方向的)이다.

나의 하느님 사랑과
하느님의 나 사랑이 있음으로써
상관이 있다.
하느님과 나와의 관계가 있다.

하느님의 나 사랑만으로,
또 나의 하느님 사랑만으로는
관계가 성립될 수 없다.

모든 강물이
바다로 모여
그 바다에서
수증기가 되어 하늘로 올라가
빗물로 되어 내려와
강물이 되어
다시 바다에 모이듯이.

양방향적(兩方向的)인 상관(相關)을 통해서
하느님과 나와는 만난다.
진정히 만난다.

일방향적인 관계로서는
진정한 만남의 관계가 아니다.
양방향적인 관계로서만이
진정한 만남의 관계가 이루어진다.

근본根本은 다 같다

나무는 모두 뿌리가 있고,
잎이 있고,
그것들을 연결하는 줄기가 있다.

사람은 모두 모습이 다르지만
누구나 머리가 있고,
다리가 있고, 팔이 있고, 몸뚱이가 있고,
눈이 있고, 귀가 있고, 코가 있고, 입이 있다.
눈은 둘이 있고, 귀도 둘이 있고, 코는 하나고, 입도 하나다.
이것들의 근본은 다 같기 때문이다.

생물의 그 근본의 근본은
생명이 있다는 데서 같다.

그 생명은
하나에서 나온다는 데서 다 같다.

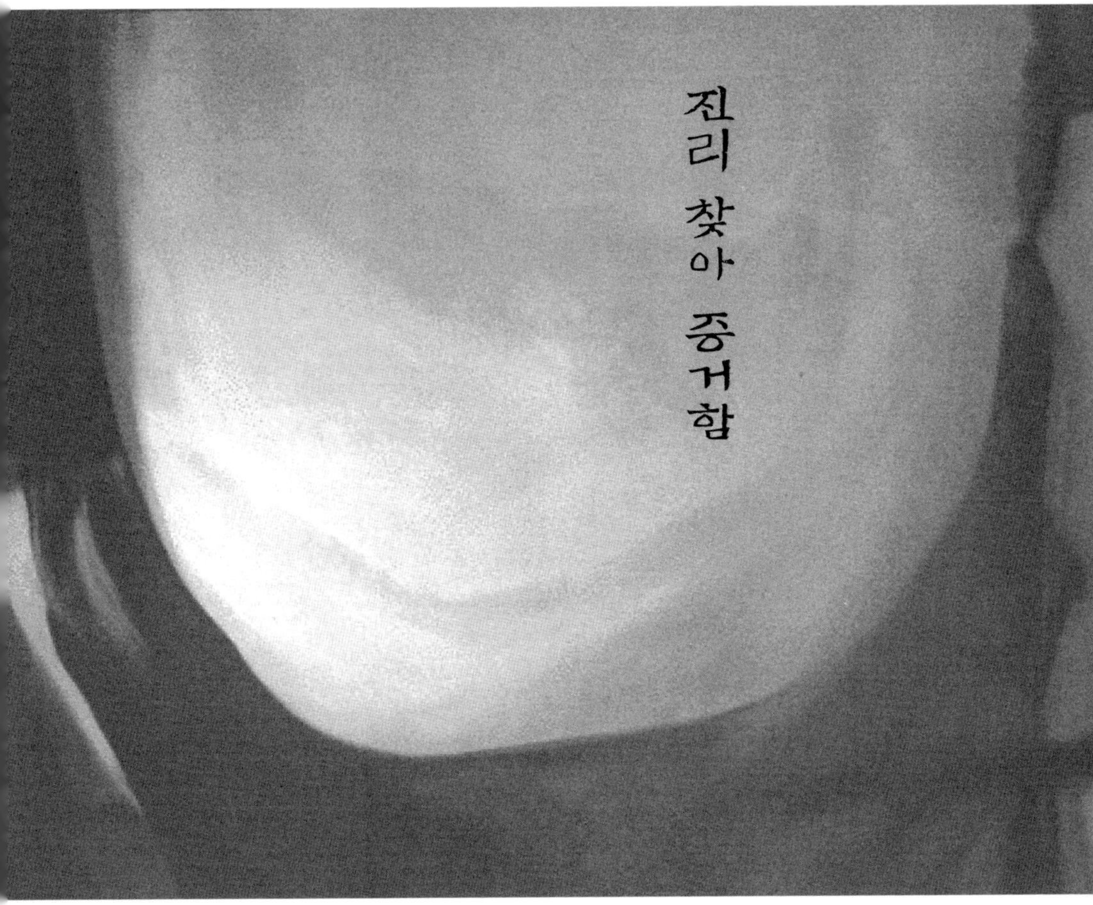
진리 찾아 증거함

진리眞理

Three in one in China!

중국에서도
삼위일체三位一體가 있다고.

진리면
어디나 있는 것이니
중국에도 있겠지!

안 그래?

없다는 것이
이상하지!

진리는
어디나
어느 때나
있는 것 아냐?

그렇고말고요!
그렇게

편재하기 때문에
진리인 거야!

이 사람이
이렇게 봐도
저 사람이
저렇게 봐도
진리인 것이
진정한 진리야!

진리는
끓여도 진리고
태워도 진리고
그런 거야!

정체불명이지만
그 정체가 있지!

어디에나
어느 때나
그 정체가 있지!

다만
그것을
보지 못하는 것뿐이야

그래서
그 정체를

볼 수 있는
눈을 가져야 하고
들을 수 있는
귀를 가져야 해!

알겠어?

그것을
갖추도록 해!

저의 힘으로는
안 되지만
주님의 힘으로는
안 될 리 없지요!

해 봐야지요!

진리眞理라는 게 무엇이요?

여보시오!
내 말을 들어 보세요!
내 말을 들어 보라니까요!

도대체
무엇이
진리(眞理)라는 게요?

내가
보여드릴게!

그것의 속이
꽉 찼지요!
안 그래요!

그 안에
있는 것이라고!
그 속에
있는 것이라고!

알겠어요?

진리眞理가 무엇이냐

진리(眞理)가
무엇입니까?

하느님께로
인도하는 것이면
그게 진리입니다.

하느님은 생명(生命)이요 사랑이시다.
그러므로
생명으로 인도하는 것이면 그 또한 진리이고,
사랑으로 인도하는 것이면 그것 또한 진리이다.

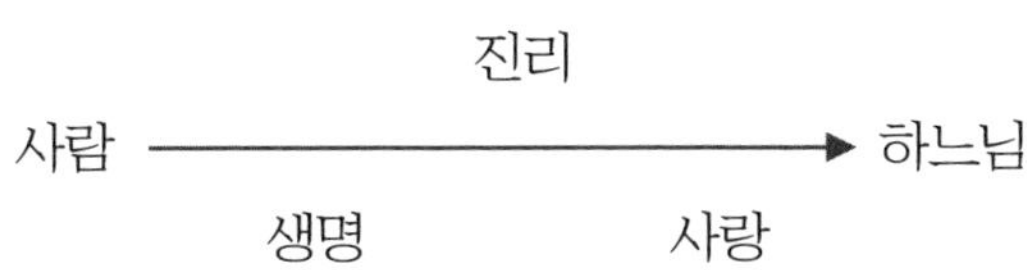

예수님께서
'나는 길이요 진리요 생명이다' 하신 것은
이런 뜻에서 그렇게 말씀하셨을 것이다.
즉 진리요 생명이요 사랑 자체이신 당신(길)을
거치지 않고서는 하느님 아버지께로 나아갈 수 없다는 말씀이시리라.

목적과 과정이 커다란 테두리 안에서는
다른 것이 아니라 하나와 같다.
따라서 하느님과 예수 그리스도는 둘이면서 하나다.
그러므로 예수 그리스도와 길과 진리와 생명과 사랑은
다르면서 하나로 같다.
따라서 길과 진리와 생명과 사랑은 또 하느님이시다.

그리고 더 큰 뜻에서는
하느님과 예수 그리스도께로 인도하는
곧 길과 진리와 생명과 사랑으로 인도하는 모든 것은
하느님과 한 통속이다.

진리眞理가 무엇인가?

진리(眞理)가
너희를
자유(自由)롭게 하리라!

진리(眞理)가
무엇인가?

하느님이 계시고,
하느님께서
우리를 있게 하시고,
살게 하여 주시고,
우리를 사랑하여 주시고,
우리의 죄를 용서하여 주시고,
우리를 구하여 주시어
영원히 살게 하여 주신다는 것,
그것 아닙니까?

하늘과 땅

두 개만 있다고 했어!

알아!
알아!

두 개만 있어!

Entire system!

그 두 개가
Entire system이라구요?

그러면
그 두 개가
무엇인가요?

하늘과 땅이다!

이 system 안에
인간이 존재한다!

그러니까
인간은 그 무한 가운데
존재하는 것이다!

그 무한이 무엇인가?

바로
하느님이시다!

우리는
하느님 가운데
존재한다.

하느님의 섭리 속에서
존재하고
살아있다!

그러므로
우리의 존재는
무한과 영원과
연결된다!

무한 가운데
영원 속에서
존재하고
사니까!

이거다!

이것을
알아야 해!

이것에
따라야 해!

그래야
우리는 살아!
영원히
살아!

알맹이로 남으면

껍데기는
걸입니다!

알맹이만
남습니다!

이 알맹이가
무엇인지 아십니까?

바로
자신입니다!
진정한
자신입니다!

이 알맹이로서의
자신에서
바라보면

모든 게
옳게 보입니다!

이것이
진리입니다!

껍데기를
버리고
진정한 자신으로
돌아갔을 때
진리가 보입니다!

그러면
그 안에
생명이 있게
됩니다!

이것이
삶의 궁극입니다!

이것을 못 이루면
삶을 헛사는 것입니다!

그러니
꼭 이를 달성하시기
바랍니다!

네!
명심하여
꼭 그리 하도록
노력하겠습니다.

초월해 보세요

놀래지 마세요!

왜요?

놀랠 것이
없으니까요!

놀랜다는 것은
이 세상에서는
있지만
하늘나라에서는
없으니까요!

없는 것에
놀랠 수는
없으니까요!

물론이지요!
없는 것에
왜 놀래요?

다만
이 세상 살아가면서
놀래지 않을 수 없지요!

허나
초월하면
놀래지 않아요!

초월이란
잊는 것도 아니고
무시하는 것도 아니요!

하느님의 힘을 받아
거기서
뛰어넘는 거요!

본인의 힘으로는
안돼요!
하느님의 힘을 받아야 해요!

그것을
알려 드리고 싶은 거요!

그러니
이것을 명심하고
한번 노력해봐요

그 안에 있어야

일만 하면
무엇해요?

내가 그 안에
없는데!

일을 하면
그 안에 있어야 해요!

그 안에 없으면
자기 일이 아니거든!

일을 하든
생각을 하든
사랑을 하든
그 안에 있어야 해!

그 안에 없으면
노예나 매한가지야!

자기 자신이

진정이 하고 싶어서
하는 것이 아니고
타의에 의하여
하는 것이니까!

그러니까
무얼 해도 그 안에
자기가 있어야 해!

자기가 있다는 것은
몸이 있는 게 아냐!

마음이 거기 있는 거야!
혼이 거기 있는 거야!

그래야 그게
진짜 자기 것이야!
자기 일이고
자기 생각이야!

이것을
명심해야 해!

잘 알겠습니다!

감사합니다!

진리眞理의 지성소

지성소는
하느님께서 계신 곳이다.
그러므로 진리의 지성소는
진리의 주인님이신 하느님께서 계신 곳이다.

하느님은 말씀이시다.
그러므로 말씀이 계신 곳이 지성소다.

이 지성소에서 빛이 나오고,
사랑이 나오고,
생명이 나온다.
진리가 나온다.

이 진리의 지성소에는
아무나 들어갈 수 없다.
하느님으로부터 불림을 받은 사람이 아니고서는
진리의 지성소에 들어갈 수 없다.

그러면
어떻게 그 지성소에 들어가지?

자아몰각(自我沒却, 無我)치 않고서는
그 지성소에 들어 갈 수 없다.

태초유도(太初有道)(우징송) 태초에 도가 있었다.
도는 말씀이다. 하느님이시다.
모든 것이 말씀을 통하여 나온다.
바로 지성소에서 나온다.

지성소는 없는 것 같으며 있다.
무한으로 있다.

진리(眞理)의 지성소

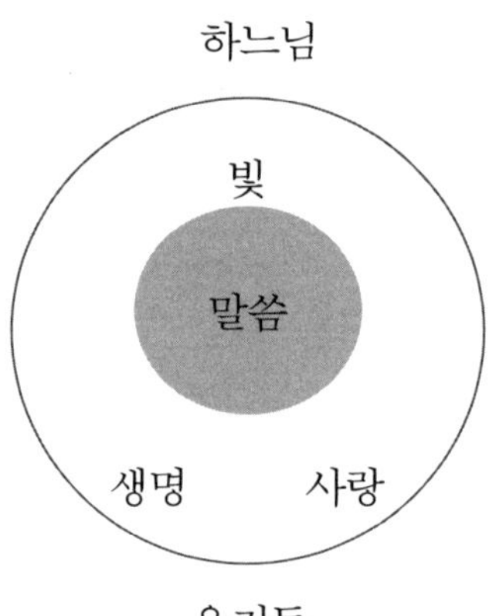

영원히 네 것인 것을 찾아라

그런 것의
절반은
제 것입니다!

그게
네 것이라고?

네 것이
어디 있느냐?

다
하느님의 것이거늘!

그러니
하느님께서 주시면
네 것이고
그렇지 않으면
네 것이 아니다!

네 아비로부터
상속 받았다고 해서

네 것이 아니다!

그런 것은
언제 없어지려는지
모르거늘
그게 어찌
네 것이라 하겠느냐?

정작 네 것은
영원히 있는 것이다!

그러니
있다 없어지는 것을
찾지 말고
영원히 네 것인 것을
찾아라!

그게
무엇인가를 알아
찾아라!

알겠느냐?

네!
잘 알겠습니다!

마음 안에 들어있는 글

글을 쓴 것을
다 가지고 왔습니다!

지가
한 것이 아니고!

그러면
누가 했다는 것이요?

영혼이요!
저를 움직이는
영혼이요!

아무것도
손에 든 것은 없지만
가득히 가지고 왔습니다!

그게
저에게는
근본입니다!

근본의 미천이란
말씀입니다!

종이에 쓴 글보다
마음 안에 들어 있는
글말입니다!

마음 안에
들어 있는 글이
더 중요합니다!

그것을
꺼내기가
힘들지만
그것이 진짜입니다!

그것은
지가 움직일 때
함께 갑니다!

아무도
꺼내갈 수 없는
글입니다!

그 글은
일었다 사라지고
살아졌다 일어나지만

언제나
있습니다!

필요하면
언제나
꺼내 쓸 수 있습니다!

칼 도마 앞에 나의 목이

어찌하시려고
이렇게 바람을
일으키십니까?

바람은 일었다 얼마 안 가면
없어집니다!

세상살이도
그와 마찬가지입니다!

그러니
그런 세상살이에
집착하지 마십시오!

영구히 계시고
영구하신 분을
의지하고 그 분께 매달리시오!

눈 깜짝 사이에
일어났다 없어지는 것에
의지 할 수 없지요!

영원무궁한 진리와
영원무궁하신 분께
의지하고 매달리십시오!

그러면
기쁜 일들이 속출할 것입니다!

믿고 실천하여 보세요!

칼 도마 앞에
나의 목은 존재치 않습니다!

언제 그 칼에 의하여
목이 달아날지 모릅니다!

자신에 취해 가지고
별 짓을 다 합니다!

깨고 보면
아무것도 아닌 것을!

이 참으로 허무한 삶이
아닙니까?

이러한 허무한 삶도
영구한 삶도
모두 본인에 달려 있습니다!
본인의 결정에 달렸습니다.

그러나 그 힘은
주님에게서 나옵니다!

이것을 명심하고
주님께 의지하고
매달려 보세요!

자신이 결단 내려야

No hurt!

More beneficial!

Choose it!

If you choose it
It becomes yours!
Otherwise it will never become yours

You accept it!

Which will you choose?
Decide!

자기가
결단을 내리지 못하면
아무도 결단을
내릴 수가 없습니다!

당신이 결단 내리지 못하면
아무도 당신을 대신해서
결단을 내릴 사람이 없습니다!

자문을 구합니다!

확고한 신념으로 자신의 모두를 내놓고 일진불퇴(一進不退)의 각오로 선택하는 그런 용단 내릴 수 있어야 한다.

진짜를 진짜로

좋은 글을
좋은 것이라
생각지 않아요!

문제는
여기에 있어요!

진짜를
알아보지 못하는 것이지요!

진짜를
진짜로
알아보지 못하는 것이지요!

그러니
가짜를
진짜로 알게 되는 것이지요!

그러면
다 허사지요!

이게
큰 문제 아니겠어요?

그러므로
사람은
진짜를 진짜로
볼 수 있는
눈을 가져야 하고

진짜를 진짜로
들을 수 있는
귀를 가져야 해요!

그렇지 않고서는
다 허탕만 치는 거요!

오랜 오랜 세월
이 진짜를
볼 수 있기를
갈망한 것이지요!

이게 바로
성경에 나오는
기록입니다!

그러므로
성경에서

성경을 통하여
이 진짜를 볼 수 있는
눈을
들을 수 있는
귀를
얻어야 해요!

이보다 더 귀한 게
더 중요한 게
어디 있겠어요?

그러니
꼭 그리 하도록
노력해봐요!

시원체始原體

'난'
이게
그 사람의 이름인가?

'난'
알 수가 없는
이름이네!

까만 단지 속에
숯이 있고
거기에
식물이 하나 있군!

그게
'난'인가 보다

자꾸 쫄아들어!

작은 것이
되기 위해서지!

작은 것이 되지 않고서는
실재(實在)의 자리에
오를 수 없어!

크다고 좋은 거 아냐!
작은 것일수록
기대에 맞게 되지!

보이지 않지만
존재하는 것 말야!

그게
시원체(始原體)야!

시원체(始原體)는
다 그래!

사람의 눈에
보이지 않지!

그러나
실재하거든!

이것이
미스터리야!

참으로
오묘하지!

참나의 거울에

여보시오!
무엇하는 것입니까?

　　성 내는 것일세!

성을 낸다니요?
그게 무슨 말입니까?

　　본성을
　　드러낸다는 말이다!

　　사람들이 갖고 있는
　　본성을 드러낸다는
　　말이다!

그래가지고
어떻게
하시겠다는 것입니까?

　　본성을 드러내어

참나를 알게 하는 것이다!

본성이 바로
참나니까!

그래가지고
참나가 무엇인지를
똑바로 알게 하고자
하는 것이다!

그러면
자기가 얼마나
일그러져 있는가를
볼 수 있을 것이다!

참나를 안다고 하는 것은
진리를 안다는 말도
된다!

그것뿐만 아니다!
참나를 안다는 것은
하느님을 안다는 것이
될 수 있다!

그러니
이를 명심하여
잘 살피거라!

네!

감사합니다!

그러겠습니다!

참나의 거울에 나를 비쳐본다.

내가 일그러진 얼굴을 하고 그 거울에 비치면 그 거울은 No! 하고 거절한다.
(요즘 공항에서 얼굴을 스캐닝하여 식별하듯이)

오래 전에 이러한 글을 썼다. '거울을 통하여 자신의 마음을 걸러낸다.
거울 속에 거울을 넣고 또 넣고 하여 자신의 마음을 집어넣어 걸러내고 또 걸러낸다. 그래가지고 자신의 마음을 순화하여 진정한 자신 모습으로 되돌린다.'

나아가라 나아가라

옆에
가기도 전에는
햇빛을
못 볼 것이다!

햇빛을 보려면
햇빛에
나아가야 한다!

해에
나아가야 한다!

해에
나아가지 않고
어떻게
햇빛을
볼 수가 있겠는가?

햇빛을
받지 않고
어찌

따뜻함을
즐길 수가 있는가?

빛에
나아가야 한다!

빛의 원연(源淵)인
해에
나아가야 한다!

그래야
밝은 빛을
따스함을
생명을
받을 수가 있다!

나아가라!
나아가라!
빛으로
나아가라!

나아가라!
나아가라!
해에 나아가라!

밤과 낮이 하나

「밤과 낮이
하나가 됨을 체험했다.
그런데 그것이
밤도 아니요 낮도 아닌 것을
체험했다」

밤과 낮이 하나인 세계가 무엇이겠는가?
그것은 하느님 나라다.
어둠과 빛이 하나인 세계,
그것은 정녕 하느님 세계뿐이리라.

모든 사람을 똑같이 볼 수 있게

갑(甲)이라는 사람도
을(乙)이라는 사람도
병(丙)이라는 사람도
차별 없이 다 같이 대하여야

왜냐하면
그들 안에 하느님이 계시기 때문

남루한 사람도
부자 사람도
무식한 사람도
유식한 사람도
높은 사람도
낮은 사람도
젊은 사람도
늙은 사람도
다 같게 대하여야
그들 안에 모두 하느님이 계시기 때문

깨어나라고!

깨어나라고!
깨어나라고!
과거로부터
깨어나라고!

다 버리라고!

어차피
내 것이 아니니까
다 버려야지!
다 버려야지!
다 버려야지!

염(念)이 떠나면
동(東)도 서(西)도 없어.

지난 날 습득한 것, 다 나의 것 아니다.
그러니 그것 다 버려라!

염(念)이 떠나가서 그 자리에 하느님이 들어서시면
동(東)도 서(西)도 없어.
여기뿐이야. 어제도 내일도 없어.
오늘뿐이야.

개체로 존재해야

이것 좀 봐!

떨어지네!

서로 떨어져간다구?

왜 떨어질까?

떨어지지 않으면
한 개체로 존재할 수 없어!

한 개체로 존재해야
완성되는 거야!

독립된 하나로 돼야
완성되는 거야!

하나의 집단이 있어도
각자 개체로 존재해야
그 집단도 안전한 거야!

따라서 한 집단이
안전하려면
개체개체 간에
완전한 개체간에
연관성이 있어야!
긴밀한 연관성이
있어야 해!

그래야
그 집단이 유지 보존되고
존속할 수가 있는 거야!

우주만물이 생성 존속하는 이치가 여기에 있다.

집단주의가 한때 세계관을 이끌었다. 그러나 그 집단주의의 말로는 비참했다. 개체의 중요성을 모르고 무시하고 일을 저질렀기 때문이다.

우주가 왜 이렇게 복잡하면서도 안전이 존재하는가?
또 한 개체가 수많은 세포로 구성된 이유 등이 알 것 같다.
한 집단은 여러 독립된 개체가 합해서 만들어져야 한다.

견성 見性

없는 나가
없는 나를 보는 것이
견성(見性)이다.

자성(自性)이 자성(自性)을 보는 것이 견성(見性)이다. 무념(無念)의 마음이 자성(自性)이다. 물건이 앞에 놓여 있어도 그 물건을 비추어 박지 않는 명경(明鏡)이 무념(無念)과 비유된다. 이러한 명경(明鏡)과 같은 마음에 비추어 자성(自性)을 보면 그게 견성(見性)이다. 무(無)에 자성(自性)을 비추어 자성(自性)을 봄이 견성(見性)? 본래적(本來的)인 나를 회복(回復)하는 일을 견성(見性)이라 한다. 본래적(本來的)인 나는 0(영零)이다. 무(無)이다, 공(空)이다.
따라서 1 = 1 이것이 견성(見性)이 아니라 0 = 0 이것이 견성(見性)이다.
다시 말해서 1 + 0 = 1 + 0 이것이 견성(見性)이 아니라 0 + 0 = 0 + 0 이것이 진정한 견성(見性)이다.
없는 나가 없는 나와 합일(合一)함이다. 진정한 견성(見性)이란 곧 0이 되어 0(영零)과 하나 됨이다. 귀정(歸正)하여 배천(配天)함이다.

규범規範에서 떠날 수 있는 곳?

이 세상 어디에나
규범에서 떠날 수 있는
그런 곳은 없다.

교회 안에서까지
그것을 피할 수 없다.

그것이 가능한 곳은
오직 자기 안에서뿐이다.

그러나 그것은 다만
무아(無我)의 경지에 있는
자신 안에서뿐이다.

과거보다는 현재를 길

과거를
보는 것보다
이렇게
현재를
보는 게 낫습니다.

그런 것 하고는
달라.
다른 것 같아.

당신의
발밑에
백조(白鳥)있어.

과거를 보지 않고 현재를 보는 눈을 가지면
기왕의 견점, 사상, 사고, 견해와는 판이하게 달라진다.
그러면 우리들의 바로 발아래에
아름다운 백조를 볼 수가 있다.
세상만사 모두 아름다운 모습으로 볼 수 있다.

그것을 아는가

그것을 아는가?

알지!
알고말고!

그것을 안다고?
정말 그것을 안다고?

껍데기만 아는 것이지!
진짜 아는 게 아냐!

정말 안다고?
그것 껍데기야!

안다고 하지만
거기에 미치지 못하지!

그런 것을 가지고
안다고 하는 것이지!

사람이 안다고 하는 것은

거기까지야!

그 이상은 몰라!
아무리 따져 봐도
모자라!

그런 것을
안다고 하는 것이지!
정말 그래!

그게 뭘까

장자에서 말했듯이
없어지면서 있게 되는 거야!

그게 뭘까?
한번 생각해 봐야 할 과제야!

그게 도대체 뭐일까?
이것을 어떻게 표현할까?

그러니까
없어지는 것 같지만
절대 없어지지 않는 것!
그것을 말하는 것인가?

절대 없어지지 않는 것!
바로 그것이야!

그것이 바로
진리요, 생명이요, 주님이시지!

까막눈

그들은
못 봤지!

그들은
볼 수도 없을 뿐더러
보지를 아니 했지!

그들은 눈을 가리고
귀를 막고 있으니
볼 수가 있을까?
들을 수가 있을까?

이게
바로 까막눈이야!

하느님으로부터
떠나 간 이가 이단자야!

하느님으로부터 떠나가서야
진리이신 하느님을
볼 수 없지!

그러면
그들에게는 어둠이 오는 거야!

어둠 속에서
하느님이 보일까?
진리가 보일까?

그저
캄캄한 어둠뿐이야!

그러니
하느님께 나아가
빛을 맞이해야 해!

그래야 보여!
그래야
제 눈 구실을 하지!

하느님 없는 눈은
눈이 아니야!

보이지 않는 눈도
눈인가?

나는 어머님으로부터 종종 자신이 까막눈이라는 말씀을 들었다.
당신이 글을 읽지 못하시고 쓰시질 못하시기 때문에 하신 말씀이다.
그게 어머님의 한(恨)이었다. 내가 어머님의 한을 백분의 일이라도 알까?

다르지만 같다

네가 바라는 것
그가 바라는 것 아니고

내가 참는 것
그가 참는 것 아니고

나의 ism
그의 ism 아니나

나도 합장하고
그도 합장한다.

나의 해와
그의 해는 같고

나의 물과
그의 물은 같으며

그도 하늘 아래
나도 하늘 아래

그도 숨쉬고
나도 숨쉰다.

그도 눈이 둘
나도 눈이 둘이나

그는 포크를
나는 젓가락을 쓸 뿐

그도 삼키고
나도 삼키며

그도 싸고
나도 싼다.

모든 것은 작은 것에서 시작한다

여기에서
천리의 일을 하라!

모든 것은
작은 것에서 시작한다!

여기 네 자신과
네 주위가 작지만
그것이 하늘과 연결되면
엄청 클 수 있다!

이것을 믿고, 따르고
행하는 사람은 진복자다!

그러니
이것을 기억하고
꼭 명심하거라!

모든 것은 작은 것에서
시작한다는 것
그것이 하늘과 연결되면

엄청난 힘을 발휘한다는 것
이것을 기억하고
실행하거라!

그러면 하느님께서
도와주실 것이다!

하늘은
돕는 사람을 돕는다 하셨다!

그러니
네 자신을 돕고
네 이웃을 돕고
하느님 뜻을 받들어라!

그러면 너에게 꽃이 피고
열매가 맺으리라!

이게 하느님의
은총의 선물이다!
알겠느냐?

네!
잘 알겠습니다!

감사합니다!
감사합니다!
감사합니다!

변해야 해요

구테타가 났어요!

구테타라니요?

전복입니다!
뒤집히는 것이지요!

자기 안에서
구테타가
종종 나야 해요!
그래야 새로워져요!

변하지 않고서는
이루어지지 못해요!

이루려면
변해야 해요!

변하지 않고서
어떻게 이루겠어요?

이 세상 만물
변하면서
이루어지는 것
아닙니까?

말씀 따라
변해야 해요!

그래야 하느님 아버지께
가는 길이 보여요!
가는 길만이요!

누구든지
이 말을
알아들어 지켜야 해요

아무것도
더 바랄 것 없어요!

삶과 죽음은 한통속

주님!
오늘은 무엇을
말씀하여 주시렵니까?
말씀하여 주세요!

삶이란
죽음과 다를 바가 없다!
죽음과 마찬가지다!

야!
이봐!
나를 좀 보라니까!

걔가 나여!

야!
보았잖아?

그분이
나야!

세파로 하느님의 자리가 흐려진다

이것을 내가
7 years!

이것을 7년 동안
내가 붙들고 늘어섰다는 말이다!

그러나
아직도 결말이 없다!

사람의 일이란
이런 것이다!

그러나
하느님의 일은
명명백백하다!

하느님의 일은
시작도 없고
끝도 없지만
매사 명명백백하다!

맑은 물속을
들여다보는 것과 같다!

그러나 세파에 의하여
물이 출렁거리면
아무리 깨끗한 물이라도
그 속을 볼 수가 없다!
따라서 알 수가 없다!
명명백백치 못하다!

하느님의 진리가
이렇게 흐려지는 것이다!

세파에 의하여
하느님의 진리가
가려지고 흐려지는 것이다!

누구도 이것을
Deny할 수 없다!

그래서 내가
그 정면의 모습을
보여주마!

저 깊숙이까지
보여주마!

감사합니다!

알맹이가 무엇인지 아세요

전갈이 있으면
그 알맹이가 있어요!
그 알맹이가
무엇인지 아세요?

등록하신 것
말이지요?

그 등록하신 게
무엇입니까?

하느님께서 이르시는 말씀이 있으면 그 말씀 속에 알맹이 즉 핵심이 있다.
그 핵심이 무엇인가 살펴 알아 곧 그 핵심을 잘 파악하여 실천에 옮겨야 한다.
하느님의 말씀은 우리가 태어날 때 벌써 받고 태어났다.
우리 몸 안에 온전히 입력되어(등록되어) 태어났다.
입력된 핵심적인 것은 사랑이요, 선이요, 측은지심이다.

알맹이를 찾아야!

우선
이것부터 먼저
하여 봅시다!

우리가
빈 말을 하면
껍데기밖에
안됩니다!

그러니
알맹이를
찾아야지오!

알맹이를
찾으려면
하느님 말씀을
익혀 실천하는 것입니다!

그래요!
하느님 말씀을
익혀

꼭 지켜야지오!

그렇게 해서
하느님을
내 안에
모셔 들이는 것이야!

그게
알맹이를
찾는 거야!
알차게
하는 거야!

그래야
생명이
있지!

이것을
깨달았으니
너는
진복자다!

하느님을
네 안에
모셔 들였기
때문이야!

그래가지고

하느님과
함께 하기
때문이야!

자기를
무한히
낮추고
작게 하는 것이
십자가의 길이야!

이게
하느님께로
가는 길이야!

오직 익힌 진리眞理만이

이제는
많이 익혔나봐

그것이
내 것인가 봐

아니
아니
왜라니?

아무것도 없어
그것만이 있지.

이상의 것을 정리하면 이러한 것이 아니겠는가?
내가 이제까지 기도하고 묵상하여 이제는 많이 익혔나봐. 진리를 익혔나봐. 그 익힌 진리가 이제는 내 것이 됐나봐. 도대체 왜라니? 아무것도 없어.(아무런 이유 없어) 그저 그것만이 있을 뿐이지. 오직 그 익힌 진리만이 있을 뿐이지.

잘 봐봐

너희는
내가 무얼 한다고?

잘 봐봐
무엇인가가
일어날 거야!

잘 봐봐
Everything has its form

여쭤봐도 됩니까?

그럼
물론

'Everything has its form'이란 무슨 뜻인가? 곰곰이 생각하다가 다음과 같은 글이 떠올라 적었다.
만물만태(萬物萬態) 각양각색(各樣各色)
우주조화(宇宙調和) 천주역사(天主役事)
이렇게 적고 보니 좋다. 그리고 'Everything has its form'이라는 것이 알리는 뜻이 그 안에 담겨 있는 것 같다.

진리를 보려면

어떻게 될는지
모르겠다!

무엇이 어떻게 된다는
말씀이십니까?

그게 '무가미' 아니어요?

'무가미'라니
그게 무엇입니까?

이런 언어를
알아들을 수 없습니다!

고향이 장성이라고요?

오늘 여기에서
고대로 이루어지네요!

무엇이 말씀이십니까?

하느님의 뜻 말이지!

하느님의 뜻이
여기에서 고대로
이루어 졌다고요!

아! 싫어!
그렇게 보이기도 하고!

무엇이 싫다는 말입니까?

사람의 입장에서
보는 일 말입니다!

그러면
진리를 볼 수 없으니까요!

자기 입장에서 보면
진리를 볼 수 없거든요!

진리를 보려면
하느님 입장에서
봐야 해요!

그러니
그냥 벌리지 말고
차분히 차분히
마무리 하세요!

天有地 地有天

하늘에는
땅이 있고,

땅에는
하늘이 있다.

그래서
하늘에는
땅이 있고,

땅에는
하늘이 있다.

天有地 地有天
常故 天有地 地有天

하늘이 있어라 하니 하늘이 있고, 땅이 있어라 하니 땅이 있다.
그래서 하늘은 땅이 있고, 땅은 하늘이 있다.

캄캄한 세상에 빛이

여기는
어두워!

왜
그러할까?

하느님이
아니 계시기 때문이야!

모셔 와야지!

모셔 와서
받들어!

그러면
거기에서
빛이 나오지!

이 캄캄한 세상에
빛이 있는 거야!
빛을 보는 거야!

하느님의 현존하심을 알아야!

무엇이
잘못 되었는가를
알아야 해!

이것을
모르면
더 나아갈 수 없어!

무엇이
잘못 되다니
도대체 무엇이
잘못 됐다는 거요?

들리는가?
저 소리가 들리는가?
저 깊숙히서 나는
소리가 들리는가?

알고 보았더니
결국에는
그것이로구만!

바로
그것이야!

하느님의
현존하심

바로
그것이야!

양들은 목자의 음성을 알아듣는다.(요한 10,3) 그래서 뒤따라간다.(요한 10,4) 믿기 때문이다.(요한 10,26) 하느님이 현존하시다는 것을 알아야 한다.

현재現在는 약속을 버리고

현재(現在)와 더불어
종심소욕(從心所欲) 불유구(不逾矩)의
오늘까지 한결같이 왔건만
그는
나를 속이고
멀리 살아져
자취를 감췄네

오늘의 내 모습은
어제의 내 모습이 아니니
어떻게
그가 나와 함께
오늘에 왔다 할 수 있겠는가?

그는
나와의 약속을 버리고
멀리멀리 떠나갔네

그러니 더 이상은
그를 믿을 수 없네
그에 의존할 수 없네

새로운 방식으로
나에게 입증하지 않는 한
도저히 그럴 수 없네
믿기지 않네

현재는 현재대로
나는 나대로
강물은 강물대로
언덕은 언덕대로
그처럼 따로따로

혼돈混沌

하나 둘 셋 넷 다섯 여섯 일곱 여덟 아홉 열
열하나 열둘 열셋 여덟 아홉
스물 스물하나 스물둘 서른
서른하나 서른둘 스물다섯 마흔
쉰 쉰하나 쉰둘 예순

이것도 저것도 아니다
아니다
이것도 아니고
저것도 아니다
아무것도 아니다
이것도 없고
저것도 없다
아무것도 없다
나쁘다 나쁘다
이것도 나쁘고
저것도 나쁘다
모두가 나쁘다
가야겠다
가야겠다

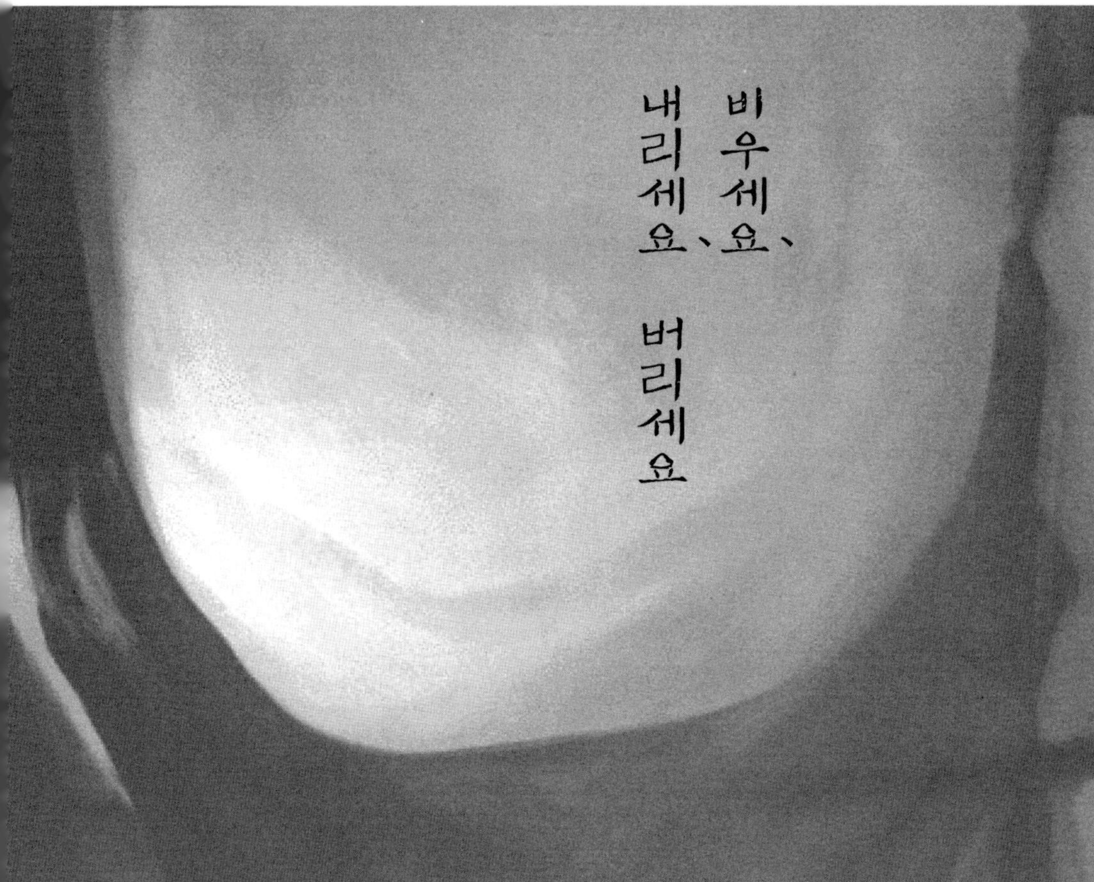
비우세요、
내리세요、
버리세요

네 자신을 버려라

이렇게 물리쳐야 할 것을
물리칠 때

문이 탁 열린다!

그러므로
물리쳐야 할 것은
용감히 물리쳐야 한다!

이것을
왜 못할꼬?

제 자신을
생각하기 때문이다!

그러니 네 자신을
생각지 마라!

알겠느냐?

자신을 생각하는 데서

온갖 장애가 오고
온갖 부정이 따른다!

그러니
옳은 일을 하려면
네 자신을 버려라!

네 자신을 버리면
하늘이 널 보살펴 주시고
거두어 주신다!

오히려
더 좋은 일들을
할 수가 있다!

알겠느냐?

네 자신을 버리라는
말을
알겠느냐 말이다!

네!
잘 알겠습니다!

그러면
그렇게
실천해라!

비우면 중요한 게 보이네!

네 안에 무엇이
들어 있는가?

별것
안 들어 있어요!

예이! 이 사람아!
자네 안에 하느님이 계시네!

그래도
별것 아니라는 말인가?

이보다 더 귀한 게
어데 있는가?

다 비우고 나면
매우 중요한 게
보이네!

내 것이란 게 있는가?

이것은
내 것이어!

내 것이
무엇인가?

내가
가지고 있는 게
내 것 아니겠는가?

내가
가지고 있는 것이라니?

그게
무엇일까?

내가
영구히
가지고 있을 수 있는 것이
내 것일 것인데
그런 것이

나에게 있는가?

아무것도
없어!

그렇다면
나에게는
내 것이 없어!

다 하느님의 것이야!
모두 하느님의 것이야!

내 것이라고는
하나도 없어!

내가 갖고 있다는 것은
다 헛거야!

이제까지
이 헛것들을
찾은 거야!
이 헛것들을
구한 거야!

아무짝에도
쓸데없는 것을
찾고 구한 거야!

빈 마음으로 기대어!

울기는 내가 왜 울어!
절대
울지 않을 거야!

기필코
이루고야
말 거야!

나는
이제
하느님의 뜻을
알고 있으니까
될 거야!
꼭 될 거야!

빈 마음으로
하느님께 기대어!

그러면
될 거야!

그에
불러주실 거야!

틀림없어!

'그에'라는 것이 뜻하는 것은 열절한 믿음에, 은총에, 하느님께, 예수 그리스도께, 주님께 또 하늘나라에, 그리고 사랑에, 자유에, 평화에, 일치에, 완덕(完德)에, 등이다.

주님의 말씀을 전하라

좋지요!
좋고말고요!

무엇이
좋겠다는 말씀이십니까?

Pass-work!

Pass-work라니요?

무엇을 pass한다는
말씀이십니까?

나의 말을
pass하는 것이다!

누구에게요?

Himself and his friends!

비어 내고

씻어야 한다!

이것이
전제 조건이다!

자신이
청정하지 못하고
가득히 쓸데없는 것으로
차 있으면
그 중대사를
수행할 수 없다!

바로
이것이다!

이것을
유념하고
실천해야 한다!

잘 알겠습니다!

다 버려야 해!

심해!

무엇이
심하다는 거요?

글쎄
무엇이
심할까?

물적인
집착이
심해!

그래요!
그러면
어찌하면
좋겠습니까?

다
버리는 거지!
다

버려야 해!

다
버리지 않으면
거기에
갈 수 없어!

벗어부치고
가면
되겠습니까?

아니
그런 말이
아니고!

오늘(2009년 10월 15일)이 아빌라의 예수의 데레사 성인의 기념축일이다.
기왕에 입력한 성인의 글들을 읽어나가다가 '자신을 비워 하느님으로 채워라'와 '기도의 전제조건'과 다시 접하니 오늘 새벽미사 참례하러 가기 전 집에서 기도하다가 떠올라 여기에 적은 것과 매우 관계가 깊음을 발견한다.
그리고 성인의 글 '시련(試鍊)'의 글을 교묘하게 다시 접하여 더 깨닫게 되니 성인께 감사한 마음 금할 길이 없다.

전부를 얻으려면

움직여 보라고!
움직여 보라고!
하느님께로
움직여 보라고!

네 마음을
하느님께로
움직여 보라고!

다
토해 내고
움직이라고!

완전히
움직여 보라고!

송두리째
움직여 보라고!

모든 것을
다 토해 내라고!

그리고
하느님께로
나아가는 거라고!

다
버리고
가는 거라고!

전부를
얻으려면
전부를
버려야 해!

그러면
보일걸!

그러면
얻을걸!

전부가 무엇인가?
바로 하느님이시다.

다 버리고 나한테로 와!

나는
그럴 수 없어!

절대
용서할 수 없어!

하느님의
손길이 닿아도
용서할 수 없어!

다 버려!
다 빼버려!

부질없는
원한
다 버려!

그리고
나한테로 와!

모든 것을 버릴게

모든 것을
다 잊어버릴게!

모든 것을
다 버릴게!

모든 것을
다 용서할게!

아무것도
없는데
무엇을?

다만
하느님만이!

아집我執 버려라

내가 하는 일만이
좋은 것
이것을
버려야 해!

이것이
모든 문제의
근원이야!

내가
그러지 말고
남도
그러지 못하게
해야!

모든 것이
하느님께고

나아가기 위한
작업 아냐?

이 길을 가려면
그 길에 가는
준비를 해야 해!

그게 바로
이것이야!

아집을
버리는 거야!

내가 옳다
네가 그르다
따지지 말아야!

이런 마음 준비로
그 길을
나서는 거야!

알겠어?
이것을 알겠어?

네!
잘 알겠습니다!

감사합니다!

집착을 버려요!

어찌하라는 것입니까?

다 버려요!
다 버리라니까요!

왜
못 버려요!

그러고서
어찌!

하느님께
나아갈 수가
있습니까?

하느님께
가까이
갈 수가
있습니까?

버리세요!

버리세요!
버리라고요!

집착을
버리세요!

그러고서
나아가세요!
하느님께
나아가세요!

집착은
마약처럼
해친다는 것을
모르는가요!

버려야 해요!
버려야 해요!

길 다 버리고 나에게!

무엇을
말씀하시려는 것입니까?

글쎄다!
다 버려라!
다 버리라고!

그리고
나에게로
오너라!

그 길밖에는
없다!

들끓는 것
다 버리라고!
다 토해 버리라고!
모두 다 끓어내는 거야!

하나도
남는 것 없이!

쓸데없는
생각 마!
오롯한 생각만 해!

아무것도
아니라는 마음
견지(堅持)하는 거야!

자신(自身)이 아무것도 아니라는 마음 간직하라!
겸손(謙遜)한 마음 지키기 위하여!

의심 버리고 믿고 청하라

하느님께서
주시는 것인데
내가 무엇을
따져야 하겠습니까?

따져서
되겠습니까?

　　안 되는 일이지!
　　하느님께서 주시지 않으시면
　　안 되는 것이지!

그러나
저는 의심스럽습니다!

어찌
하여야겠습니까?

　　의심을 버리고
　　꼭 이루어 주신다는 것을

믿어!
그리고 청해!

하느님도
내가 똑똑히
뵙지 못했는데

내가 어찌 그것을
믿겠습니까?

멀었다!
멀었다!
멀었구나!

하느님께서
밝혀 주시지
않으신다면
누가 밝혀 줄 수
있겠습니까?

Lay prostrate on the ground. (땅 바닥에 엎드려, 부복하여)
구하라, 받을 것이요, 찾아라, 얻을 것이요, 두들겨라, 열릴 것이다.
누구든지 구하면 받고, 찾으면 얻고, 문을 두드리면 열릴 것이다. (마태 7, 7-8)
오늘의 성경 말씀의 일부다.
이것은 또 내가 매일 새벽미사 참례하러 가기 전 집에서 정좌하고 기도할 때 암송하는 50여 성경 구절 중의 하나다.

변할 게 없다

야!
나 오늘날
이렇게
산다 해도

나는
변화가
없어!

변할 게
없어!

다 버려 버렸는데
무엇이
변해!

내 이름까지도
버렸는데
뭐!

심지어는
내 마음까지도
버렸으니까!

그리고
새 나가지 않게
다 닫아버렸으니까!
꼭꼭 닫아버렸으니까!

그러니
뭐
변할 게 없지!

변할
건더기가
없는데
무엇이
변해!

줄 걸 다 주었건만

또
또
칼자루를 쥐고
누구를 치려는 건가?

잘 생각해봐!
그래서는 안 되지!

이놈아!
목적도 없고
믿음도 없느냐?

어째서
자꾸 이러는 거냐?

니가
갖고 있는
잡물(雜物)
다 토해 버려!

그것을

다 주었지만
본인은
그것을 탐탁하게
생각지 않는 게라!

이제는
더 줄 게 없어!

받을 것을 다 받았건만
그것이 무엇인지,
그것이 얼마나 귀중한 것인지,
탐탁하게 여기지 않고
만족치 않고 있는 거야.

욕심만 부리지
만족할 줄 모르는 거야!

그러니
고맙게 생각할 리 없겠지!

그래서 되겠는가?
안 되지!

만족할 줄 알고,
귀중하게 여기고,
고맙게 생각하고,
감사할 줄 알면 알수록
더 많이 받게 되는 거야.

이제부터는
만족하고,
귀중하게 여기고,
감사하며 사는 거야!
더는 없어.

커지면 안 돼

너는
들어가 있어.
절대
나타나지마!

'커지면
못된다.'

이런 말이
있어,

이 말을
들으라고!

완전히 끊어버렸어

완전히
끊어버렸어!

누가
그랬어?

용기 勇氣

스승님!
어찌해야겠습니까?

용기를
내야겠습니까?

아니야
용기를
죽여야 해!

그 용기는
쓸데없는
허세에서
나오는 거야!

그러니
그 용기를
죽여야지!

그 용기가
어데 쓸 데가 있어!

용기는
아무짝에도
쓸모가 없어!

하느님 생각이면
충분해
더는 없어!

이제
보일걸!
안 보이나?

그러려면 길

보고 싶은 분
계시죠?

모시고 싶은 분
계시죠?

아니요!
그것만 아니요.

감사하고 싶은 분
계시죠?

알고 싶은
진리 있지요?

깨닫고 싶은
진리 있지요?

축복 받고 싶죠?

그러려면
다 내려놓으세요!
다 버리세요!
다 비우세요!

그러면
문이 열립니다.

그러면
주님 뵈올 수 있으십니다!

모두 꺼내세요!

말씀하시소!
말씀하시라고요!

주저하시지 말고
말씀하시라고요!

한번
뵙고 싶은데요!

(어찌된 일입니까?
심한 통증이
없어졌어요!)

모두
꺼내세요!
모두
꺼내세요!
나쁜 것
모두
꺼내세요!

천만에요!
꽉 찢어 버리세요!

네
이제 다 됐어요!
가시라고요!

거기에 들어가려고 하는데

이런 것은
겉이라고요!

이런 것을
섬기면
겉만 핥는 것이지오!
알맹이는 모르는 것이지오!

그러면
한평생
겉만 핥게 되는 것이지오!

아시겠어요!
아시느냐고요?

껍질을 벗겨
다 털어버리고
알맹이만 남겨야
하느님께
나아갈 수 있어요!

그것도
문짝이
다 썩어버렸어요!

거기에
들어가려고 했는데!

이젠
어쩌겠어요!

무조건
들어가는 거야!

안돼!
안돼!
그래서는
안돼!

주님!
어찌 해야겠습니까?
어찌 해야겠습니까?

꽃 피고 열매 맺게

Do you know
Who I am?

Appreciate it!

나를 알고 있어?
고맙소!

더 내려가야 해요!
바닥까지 닿도록!

그래야 진짜 모습이 나타나고
진짜 모습을 볼 수 있어요!

그러지 않고서는
안 돼요!

상하지 않게
해 봐요!

자신도 상하지 않고

남들도 상하지 않게요!

세상일 하다 보면
알게 모르게 자신을 해치고
남을 해치는 일이 많아요!

이런 일은
피하여야 해요!
상처 주니까요!

상처 주고서
그리 할 필요는 없어요!
또 그래서는 안돼요!

피해 주지 않고
모두 보듬어요!

그래야 하는 일에
꽃이 피고
열매가 맺혀요!

알겠어요?

네!
잘 알겠습니다!

너가 작아지면

야!
너는
도대체
무엇을
모른다는 거냐?

모르는 것이
한두 가지가 아니지요!

우선
하느님을
잘 모르고요!

그러면
됐다!
하느님을
알기란
그리 쉬운 게 아니다!

더 노력하고
노력하면

알게 될 것이다!
반드시
알게 될 것이다!

얼마나
큰지!
얼마나
깊은지!
하늘을
바라보렴!

니가
작아지면
하늘은
그만큼
더 커진다!

그러면
하늘을
더 잘 볼 수 있을 것
아니냐?

네!
감사합니다!
네!
감사합니다!

자신(自身)이 작아지면 하느님은 커지시고,
자신(自身)이 커지면 하느님은 작아지신다.

그래서
'그분은 더욱 커지셔야 하고,
나는 작아져야 한다.'(요한3, 30)

그러면 하느님을 더 잘 볼 수가 있고,
더 잘 알 수가 있고,
더 가까이 할 수가 있다.

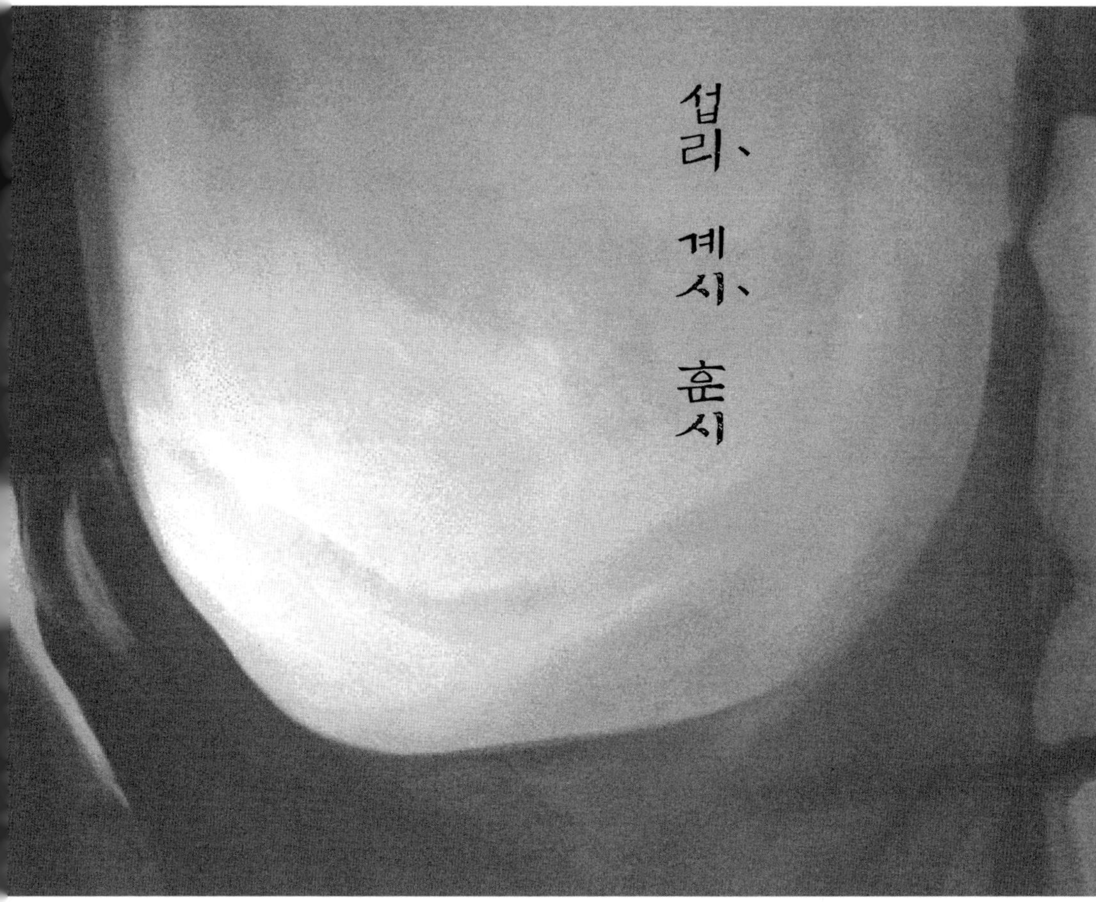

섭리、 계시、 훈시

지혜를 하늘에 구하라

대수롭지 않게
들릴는지 모르지만
매우 중요한 말인데!

말씀하세요

모든 것에는
이치가 있다!

그러므로 모든 것을
그 이치대로 따라서
이치대로 처리해야 한다!

이게 바로
지혜다!

이 지혜를 알아
그 지혜대로 사는 것이
현명한 삶이다!

걱정 말라!

이 지혜대로 살면
아무 걱정할게 없다!

다만 이 지혜를 정확히 알아
슬기롭게 그 지혜가
알려주는 대로
사는 것이 중요하다!

성공적인 삶과 실패의 삶은
여기에서 갈라진다!

그러면 그 지혜를
어디에서
구해야겠습니까?

사람에게서 구하면
이 세상에서
잘 살 수 있을는지 모르지만
저 세상에서는
아무 짝에도 소용없다!

그러니 그 지혜를
하늘에서 구하거라!
알겠느냐?

네!
잘 알겠습니다!

하느님께 포커스 하라

그것에 포커스 하면
더 잘 알게 될 것입니다!

무엇에
포커스
하여야 합니까?

말씀에
포커스 하여야 합니다!

말씀이
곧 하느님이시니까요!

그러니 곧
하느님께
포커스 하라는 말입니다!

하느님께 포커스 하면
모든 게 다
풀립니다!

틀린 것도
망가진 것도
다 풀립니다!

그러니
모든 것을
하느님께
포커스 하십시오!

그러면
안 될 일이 없습니다!

어떻게 포커스
하란 말씀입니까?

오직 하나
오직 하느님에
포커스 하라는 말입니다!

대개 사람들은 그것을 알지만
실천치 못합니다!
꼭 실천하십시오!
그게 key입니다!
알겠습니까?

네!
감사합니다!

하느님 안에서 길

I know
Your new position!

What do you mean
by new position?

I saw this somewhere!

I saw that within the Lord!
주님 안에서 보았습니다!
주님 안에서 그 자리를 보았습니다!
내 안에서가 아니라
주님 안에서 보았습니다!

거기서는
아무 걱정 없습니다!
아무 두려울 것도 없고요!

그러나
하느님의 뜻을 따라야 합니다!

하느님 안에서
하느님 뜻 안에서
지가 있으니까요!

여기를 떠나고서는
지가 없습니다!

여기를 떠나고서는
바로 돌아와야 합니다!

여기를 떠나고서는
살 수 없고
존재할 수 없으니까요!

그 안에서 살고
그 안에서 존재하니까요!

이게 바로
제 자리입니다!

거기서 숨쉬고
생활하는 자리입니다!

그리고
거기서 생활하고
일하는 곳입니다!

거기에는
모든 게 있습니다!
아쉬울 것 없습니다!
바랄 것도 없습니다!

자유입니다!
그 안에서
자유입니다!

독특한 맛을 가져라

부추김치를
가져다 놓는다!

그리고 퍼즐이라고 한다!

어떻게 하여
김치가 퍼즐인가?

부추김치 안에
특별한 의미가
담겨 있기 때문이
아니겠는가?

그게
뭘까?

부추는 원래
잎이 실낱같다!
가냘프다!

이 가냘픈 잎으로

김치를 담근다!

젓국만 넣고
고춧가루와 마늘만 넣어
하룻밤 사이
발효시키면
부추김치가 된다!

이 부추김치가
독특한 맛을
갖고 있어
나는 좋아한다!

부추김치가 갖고 있는
독특한 맛
이 때문에
부추김치를 좋아한다!

사람도 매한가지다!

사람 각자
독특한 맛을
갖고 있어야 한다!

그래야
독특한 맛을
찾는 이들이 있다!

그러니
독특한 맛을
가져라!

남이 갖고 있지 않은
독특한 맛을
가져라!

그래야
사람들이 찾는다!

그래야
가치가 있다!

이 독특한 맛이 없으면
아무도 찾지 않는다!

스스로로부터 왔다가 스스로에

Everything into the rise!
모든 게
들림을 받는다!
들어 올려짐을 받는다!

어디로
들어올려 진다는
말씀이십니까?

어디로라니?
뻔하지!

뻔하다니요?

자명하다는 말이다!

스스로이신 분이
스스로에게
들어올리신다는
말이다!

그렇게 되기 위해서는
우리는
주님과 함께
죽어야 한다!

그래야
스스로에게
들리어 올려진다!

Every day
Everything comes and goes!

스스로로부터 왔다가
스스로에게로 간다!

이것을
자연이라고 한다!

그러니
자연이 바로
스스로이신 하느님이시다!

모든 것 안에
하느님이 계시기 때문이다!

스스로 안에
모든 것이 있다!

스스로에서 나오는 것은
모두 스스로의 것이다!
다 하느님의 것이다!

그러니
모든 것은
또 스스로에 가야 한다!

스스로에게서
스스로에게
오가는 것이다!

Thus,
everything has its certainty!

과거의 자신을 현재의 자신으로

내가 없으면
숨도 못 쉬고
꼼짝도 못하는 것이지?

맞아!
본인이 있어야 해!

본인이 없는 세상은
캄캄한 세상이야!

아무리 불 밝혀도
어두운 법이야!

솥에다
끓여야 해!

그러면
단단한 것은
부드러워지고
새로운 형태로
바뀌는 법이야!

현재의 과거
잘못된 과거는
바로 잡아야 해!

통회와 회개로
그리 해야 해!

그렇게 해서
자신을
바꾸는 거야!

과거의 자신을
현재의 자신으로
바꾸는 거야!

얘가
다 준비해 줬어!

보드란 것으로
준비해 줬어!

It will blow toward the present
For change!

변해야 살 수 있어!

올바로 변해야 해!
변해 봐!

그런 것에 매이지 말아야

20004!

그런데
그것을
왜 나한테 물어?

미역국이네요!

그런데
그것을
왜 나한테?

이것에
나를 똘똘
묶어 놓을 것 같아요!

내가 찾는 것은
자윤데!

어찌하여 이것으로
나를 속박하려는 것인지?

그런데
나를 악종으로?

모든 게
나에겐 부담이다!

자유를 지향하면서
이런 것들에
매여야 한다니!

왜
이것을 먹어?

그런 것에도
매이지 말아야 하는데!

먹는 것, 생각하는 것,
행동하는 것 등에
매이지 말아야 하는데!

육체를 갖고 사는 한
어쩔 수 없지!

그렇다면
육체를 갖고 사는 한
자유스럽지 못하다는 것이겠지!

육체도 자유스럽지 못하고
정신도 자유스럽지 못하겠지!

그러므로
이것에서 탈피하여야 해!
뛰어 넘어야 해!

이런 것을
버릴 수는 없어!
그러나 뛰어 넘을 수가 있나?

그걸 찾아봐!
버리지 않고 뛰어넘는 것!

은총은 국멸국과 같은 것

가시려고
싫으셨어요?

어디를요?

원하는 곳이지요!

원하는 곳이라!

그 원하는 곳이
어딜까?

커요!

큰 곳이지요!

형체도 크지만
그 속도 커요!

그래서

알기 어렵지요!

하느님 계신 곳
아니겠어요?

맞습니다!

떡을 가져다
바쳐 올립니다!

떡 안에는
여러 가지 의미가
담겨 있습니다!

압축입니다!

정신의 압축입니다!
형상의 압축입니다!
맛의 압축입니다!

모두가
하나 되는 것입니다!

하느님 안에
하나가 되는 것입니다!

흐름에 대하여는

모르니까
그 안에 담은 거야!

한 모금
더 마시렵니다!

은총
더 마시렵니다!

은총은
국멸국과도
같은 것입니다!

맛이
거기에
들어 있으니까요!

녹아
들어 있지 않습니까?

보이지 않지만
거기에
녹아들어 있습니다!

국멸국 없이
맛이 없듯이
은총 없이는
삶의 맛이 없어요!

삶의 맛 보시려면
은총 받으세요!

국멀국: 국은 건더기보다는 멀국이 중요하다. 건더기 없는 국은 있을 수 있지만 멀국 없는 국은 있을 수 없다. 멀국 없이는 국이 될 수 없다.
국의 맛은 결국 멀국이 내어 준다.
그처럼 은총 없이는 삶의 맛이 없다.
은총이 빠진 삶은 맛이 없다.

그런 소리 하지 마

그런 소리
하지 마!
(무아경에 들었다는 소리 하지 마!)

자기 스스로
체험하는 것인데
그것을 떠벌릴 이유 없지!

자기가 체험한 것을 말로
이러쿵저러쿵
말할 수 있나?

말한다는 게
쑥스럽고
어려운 일이야!

하느님의 은총도
매한가지야!

어떻게 하느님의 은총을
말로 표현할 수 있나?

없지!
없지!

이 사람아!
생각해 봐!

어찌
안 되는 일을
된다 하느냐?

모든 것을
하느님께
맡기고 살면
되는 거야!

더는 없어!
그 이하도 없고!

진짜인 것은
뭐라 말할 수 없는 것이니
그냥
체험하는 수밖에!

이것을
왈가왈부할 수
없는 것이지!

바로 내 말이다

하나 하나
갖다 주어라!

무엇을
갖다 주라는
말씀이십니까?

그것도
모르고 있었더냐?

네!
모르고 있었습니다!

내
알려 주마!

스테이크 이름이
나왔어요!

그러면

먹는 음식 말입니까?

아니다!

사람은 입으로만 먹지 않고
귀로도 먹고 산다!

너에게 줄 것은
입으로 먹는 것이 아니라
귀로 먹는 것이다!

바로 내 말이다!

내 말이 기록된
성경 말이다!

성경을
하나씩 하나씩
가져다 줘라!

이렇게 많은 것을요?

갖다 놓아라!

어데 있어요?

집에 가봐!

하느님 계명

　　이게 있는데
　　이게 무엇하는 것이라구만!

그게
무엇입니까?

　　이거
　　별것 아니야!

별것 아니라니요?
무슨 말씀을?

　　세상 사람들에게는
　　그리 필요치 않은 거야!

그러면
누구에게
필요하다는 말씀입니까?

　　나의 사람들에게나
　　필요하지!

나의 사람들이라니요?
누구를 말씀하시는 것입니까?

나와
함께 하는
사람들 말이다!

나와 함께 하려는
사람들에게는
그게 꼭 필요하다!

하느님 계명
말이다!

이 계명을 지키지 않고서는
하느님께 나아갈 수 없고
하느님과 함께 할 수 없다!

주님께서 계획하셔서

I was in Asia!

Asia?
For what?

Asia는
네가 태어난 대륙이 아니냐?

이 넓은 지역에
이 많은 곳에서
하필이면
Asia에서 태어난 것이다!

이게
하느님의 섭리다!

여기서
자라
여기서
익혀라 하신 것이다!

You grew up there!
You got educated there!
To serve the poor in Africa!

If you do not know the poor,
You cannot serve for the poor in Africa.

So God has planned for you that with you!

God made you as a useful tool for his work.

Action mow!
For that purpose!

하느님 지혜 풍부하신데

그것 말이요!
우리가 갖고 있는
모든 것
이야기하자!

그것
어려울 것 같은데요!

하느님의 지혜
풍부하신데
왜 내가
주제넘게?

내가 갖고 있는 지혜 그게 얼마나 되고, 무엇이기에 모든 것 다 이야기 한다 하더라도 하느님의 지혜에 비긴다면 아무것도 아닌데 주제넘게 아는 척 할 필요가 있겠고, 까닭이 있겠고, 의미가 있겠는가? 그러니 그런 짓 삼가라!

하느님께서 허락하신 곳

여기가
어딥니까?

우리가
살고 있는 곳 아닙니까?

하느님께서
허락하시어
있는 곳 아닙니까?

그러고 보면
대단한 곳이네요!
아닙니까?

그랬습니다!
대단한 곳이고 말고요!

하느님께서
있으라 하시면
있을 것이고

가라 하시면
갈 것인데
하느님께서
있으라 하시는 곳 아닙니까?

여기가 그런 곳이라고요!
그러니 얼마나
훌륭한 곳입니까?

하느님께서
정하여 주신 곳인데요!
안 그렀습니까?

하느님께서
허락하신 곳인데요!
안 그렀습니까?

그러니
늘 감사하며
살아가야지요!

가질 수 없는 것

아버지는
그게 없지 않아요?

그것이라니?
그게 무엇이냐?

필요하면서
가질 수 없는 것 말예요!

필요하며 가질 수 없는 게
한두 가지냐?

필요하다고
어찌 다 가질 수 있느냐?

한정이 있는 걸!

나에게 주어진 능력
그것이 허하지 않는데
어찌 필요하다고
다 가질 수 있겠느냐?

경솔치 마라

어떤 때는
'지퍼'도
안 올리고 그래!

'지퍼'라는 게
뭐여?

옷을 여미는 거
아냐?

옷을 여미지 않으면
어떻게 될까?

속이 보이지!

사람이
경솔해 보이고!

그 사람의
마음 상태를
보여주는 거지!

사람이
침착하지 못하고
주의성 없고
그런 것을
보이지!

일본말로
'다라시' 없지!

그렇게
별 것 아닌 상 싶지만
그런 일로 인하여
그 사람의
정신상태가
다 드러나게 마련이야!
그러니 그렇게
대수롭지 않은 것이라도
조심조심해야 해!

이런 것을
잘못하면

사람들의 비웃음을
사게 마련이야!

그러므로
이렇게 하찮은 것이라도
조심조심해야 해!

그게 바로
그이의 인격으로
들어나게 되기 때문이야!

하찮은 일이라고
경솔히 다루지 마!

네!
잘 알겠습니다!

계획대로 이루어질 것이다

모두
드러내어질 것이다!

나쁜 것은 나쁜 것으로
좋은 것은 좋은 것으로
모두 드러내어질 것이다!

그러니
그날을 기다려라!

그날은
오직 하느님만이
아신다!

하느님께서
정하신 일
정하신 날이니
그게 그날
이루어 질 것이다!

너희들은

의심치 말고
이것을 믿어라!
그리고 기다려라!

이것은
하느님의 약속이다!

그러니
꼭 이루어 질 것이다!

다시
받아주세요!

허물을 지우시고
다시 받아주세요!

처음부터
계획하신 대로
이루어질 것입니다!

그게 분명 있다

여기 있다
저기 있다

그런 식으로 해서는
안 된다 하셨지요!

여기에 와 보니
그런 분이
와 계시네요!

한번은 가요!
그런데 두 번은
안 가요!

　　　와서!
　　　한번 내보이라구!

그러면
가겠습니다!

안녕히 계십시오!

가진 것 없어도
그래도 무엇인가
있지 않겠어?

맞습니다!
무엇인가
있어야 하지 않겠습니까?

그게 무엇인지는
몰라!

어디에서 찾아야 할는지도
몰라!

그러나 분명한 것은
있다는 거야!
찾아야 해요!

길 들어 가 봐라

웟도리!
웟도리!
웟도리!

이게
무슨 뜻입니까?

나도 모른다!
암호인 것 같다!

내가
그것을 어찌 알아!

하느님만이 아시지!

대개 10년 걸린대!
그것을 알려면!
그러니 매우 어려운 것이지!

10년 걸려
해독할 수 있는

암호로군!

10년이라도
해독할 수 있으니
다행이지!

여봐라!
이리 와 봐라!

거기에서
머뭇거리지 말고
들어가 봐라!

그러면
그 뜻을
알게 될 것이다!

들어가 봐라!
들어가 봐!

네!
그러겠습니다!

들어가 봐!

네!
감사합니다!

무력에 의한 권력

장사장 오라고 하세요!

장사장이
누굽니까?
그리고 왜 그분을
오라고 하시는 것입니까?

장사장이
모든 것을
갖고 있기 때문이다!

장사장이
모든 것을
갖고 있다고요?

내가 다 잊어먹어서
잘 모르겠네요!

어떻게 그가 모든 것을
갖고 있을 수 있습니까?

가야파의 손을 보라!

그의 손에는
권력의 상징인
칼이 쥐어져 있다!

그냥
내버려 두세요!

그 권력은
여지없이
무너질 것입니다!
자멸할 것입니다!

그게 왜
필요한 거요?

자기 세력
팽창하기 위해서지!

하느님의 세력은
그러한 강자에 의해서가 아니라
약자들로부터 나오는 거야!

Caiaphas(AD 18-37) 마태오 복음서에 나오는 유태교의 사제의 이름이다. (Jewish high priest) 예수 그리스도께서 Lazarus를 죽음에서 살아나게 하신 후 예수 그리스도를 죽이기로 결정한 이다.

빵 구워 너도 먹고 나도 먹자

    그러면
    저것 하나만
    가지고 갑시다!

저것이라니
그게 무엇입니까?

    빵 굽는 기계요!

빵 굽는 기계를
어디에 쓰시려구요?

    빵을 구워
    나도 먹고
    다른 사람도
    먹게 하려고요!

모든 것이
갖춰지면요!

내가
너의 아버지야!

빵으로
모든 자식들을
먹여 살리려고!

하회장 부르시오!

하회장은
왜요?

하회장이면
이런 일을
해 낼 수 있을 것 같은데!

활발한 활동이
필요해!

아쉬울 것 없어라

안 계셨을 때
몇 차례
전화 왔습니다

내버려 둬
제가 아쉬우면
또 전화하겠지

파란 풀밭에 뉘어 놀게 하여 주시고
물가로 이끌어 쉬게 하여 주시는데
무엇이 아쉬운가

잠 오면 자고
배고프면 먹고
그러면 되는데
무엇이 아쉬운가

저 멀리 있는 나는
나가 아니고
여기 있는 나가
나인데 무엇이 아쉬운가

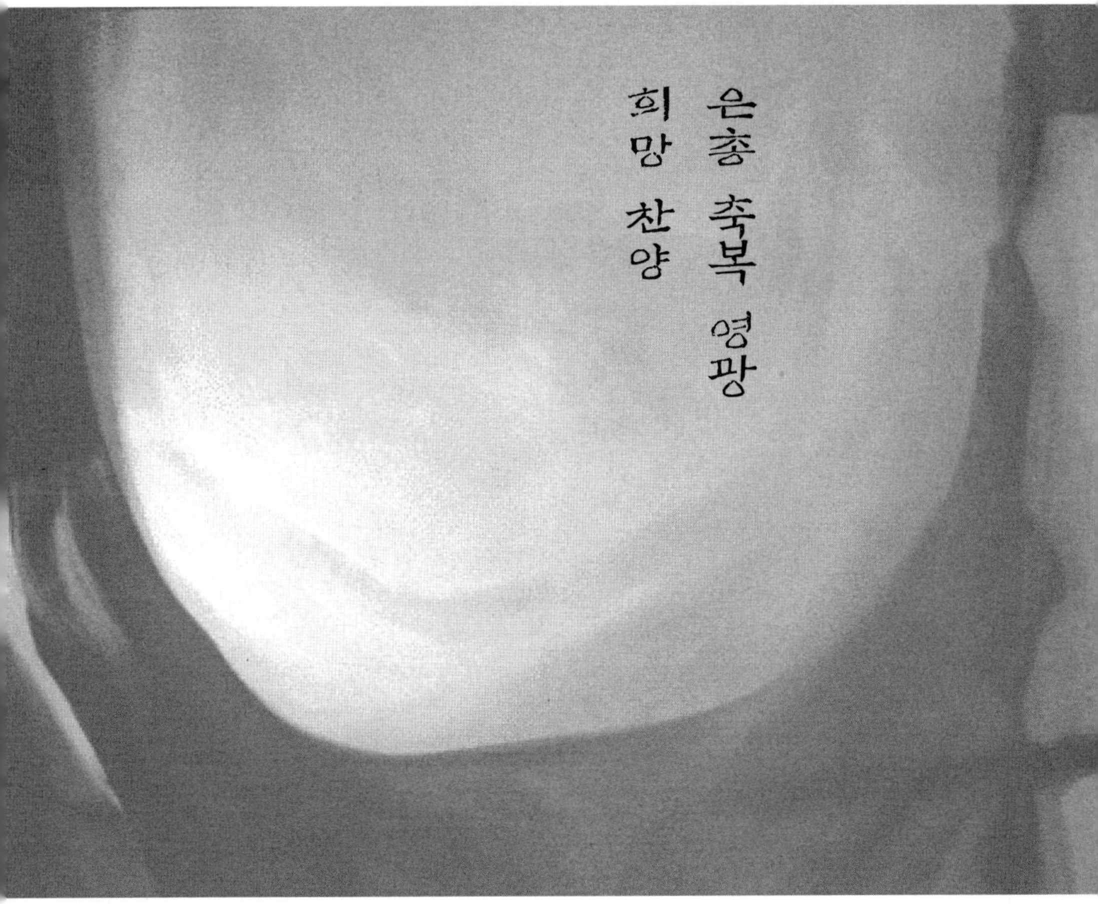
은총 축복 영광
희망 찬양

하느님의 은총

하느님의
은총으로서다!

처음서부터 끝까지
하나서부터 영원까지
다 하느님의 은총으로서다!

은총이 아니면
내가 있을 수 없고
살 수 없고
일할 수 없다!

여기 땅위에
나무가 심겨졌다!

그 나무가
저절로 살고
저절로 자라는 것으로
생각하지만
하느님의 은총이 아니고서는
그럴 수 없다!

하느님께서 주시는
비
땅의 진기
빛
공기
이 모두가
하느님의 은총으로서다!

은총이 없으면
아무도
무엇도
할 수 없다!

하느님의 은총
참으로 감사하여라!

내가
하느님을 알게 된 것도
은총이요!
하느님 말씀을
받들게 된 것도
은총이요!

그리고
내가 하느님 품안에
푸근히 안기는 것도
은총이다!

모두가
하느님의 은총이다!
하느님 은총이 아닌 게
하나도 없다!

내가
숨을 쉬고 있는 것도
하느님 은총이다!

하느님 은총 때문에
내가
지금 여기에
살고 있다!

먹고, 마시고, 숨쉬고,
살고 있다!

감사하여라!
감사하여라!
감사하여라!

가장 값진 일

내가 살아온
이제까지의 일들을
다 말해 주겠다!

그래도
너희들이 이것만은
알아들을 수 있을 것 같아서!

이것도 알아들을 수 없다면
하는 수 없지만
그래도 그럴 수는 없다고
생각된다!

그래서 말하는 것이다!

사람이 누구나
태어나서 죽게 마련이다!
이것을 나는 보아왔고
앞으로도 체험할 것이다!

이것이 사실이라는 것을 알라!

한동안 하느님께서는
나에게 많은 은혜를 주셨다!

가장 큰 은혜는
하느님을 알게 된 것이다!

안다고 한 것은
껍데기를 안 것이 아니라
속속 깊이에까지
알게 된 것이다!

이게 가장 큰
하느님의 은총이다!

이런 체험을
너희들도 하거라!

이게 인생의 가장 값진
일이다!

왜냐하면
하느님께
나아갈 수 있게
되었기 때문이다!

이보다 더 큰 은총
있겠느냐?

무한한 영광

무한한
영광

공이라니까!　　　　　　　　　　0

아니야
일치야!　　　　　　　　　　1
일치야!

이때
두 팔이 처 들리며
온 몸이 들려 떠 올리는 것을
체험했다.

기다림의 기쁨, 이루어짐의 기쁨.
우리가 기다리고 염원하는 것은
0이 아니라 1(一致)이다. 합일(合一)이다.
하느님과의 일치 합일이다.
이 무한한 영광으로 이루어짐이다.

이 기쁨 함께 누리세

이 할머니가
저 할머니가

우리와
함께 계시다!

앤젤들이
춤을 추며
노래 부른다!

우리 모두
주님과 함께
기뻐하여라!

이보다 더 한 것
어디 있나!
이보다 덜한 것
어디 있나!

이것으로

충분하고
이것으로
만족하고

이 기쁨
나누세!
이 기쁨
나누세!

우리 모두 함께
누리세!

노래 부르며
춤추며
누리세!

이 기쁨
누리세!
누리세!
누리세

고통의 대가 치러야

애야!
나도 그럴 뻔 했다!

누구나
죄에 유혹 당하지!

그런데
주님은 그것을 막아주셔!
막아 주시지!

참으로 오묘하게
막아 주시지!

주님의 힘이 아니면
누구나 죄에 떨어져!

주님의 힘은
매우 오묘하게 작용해서
죄를 막아 주시지!

이게 바로 주님이 내리시는

은총이야!

죄인이 되지 않게
미리 막아 주시지!

김치 국물 한잔
주는 이도 없는 세상에
주님은 이렇게
커다란 은총 주시니
감사하기 이를 데 없지!

이게 바로 축복이야
주님이 내리시는
축복이야!

축복은
무한한 고통 뒤에
주시는 거야!

고통의 대가를 치러야
주셔!
그냥 주시지 않지!

옛날 옛날
받은 은총
참으로 감사해!

작은 영광이라도 좋다

작은 영광이라도
하늘에 닿으면
커다란 영광과
하나 되어
내린다!

그러니
작다고
하찮게
여기지 마라!

증기를 보라!
아주 작은
물방울이
하늘에 올라
커다란
빗물이 되어
내리지 않느냐?

그처럼
너의 작은 영광이

하늘에 올리는 영광이
빗물 되어
커다랗게 내리는 것이다!

그러니
빗물은
네가 올린
그 작은 영광이
더 큰 축복으로
너에게
내리는 것이다!

작은 영광이 큰 영광으로

왜유?

모든 게
결정되었는데!

모든 게
결정되었다니
그게 무슨 소리요?

네가
계획하는 것
이미 다
결정되었다는
말이다!

그러니
걱정할 필요가
있겠느냐?

하늘을
풍요롭게 하거라!

그러면 하늘에서
비가 내리듯이 너에게도
축복이 내릴 것이다!

영광을 하늘에 돌리면
하늘을 풍요롭게
하는 것이다!

하늘에 영광을 드려라!

그러면 하늘에서
너에게 축복을 내린다.

주님이십니다

내가
어찌 그것을
알 수 있소!

모릅니다!
모릅니다!
모릅니다!

당신이 모른다면
누가 또
알 수 있소?

압니다!
알고 있습니다!
알고 있고말고요!

그것이
무엇입니까?

나다!

나다!
나라고!

예!
주님!
주님이십니다!

주님의 음성
들었습니다!
똑똑히
들었습니다!

누가
허거나 말거나
네 할 일이나
하거라!

네가
하고 싶은 대로
하거라!

네!
그리 하겠습니다!

주님!
감사합니다!
저에게

보여주시고
길을 알려 주셔서
감사합니다!

저에게
들려 주셔서
감사합니다!

은총 받으려면

Another one
On my cheek!

저의 볼에
키스를 하여 주셨네요!

한번 더 하여 주십시오!

이것은 당신께서
저를 사랑하여 주신다는
증표입니다!

따라와 봐!
그러면
이런 축복 받게 되지!

따르지 않고
의지 않고
바라지 않고
어떻게

뜻을 이룰 수가
있겠는가?

그러니
은총 받으려면
똑똑히 알아
똑바로 믿어
바라고 기대는 거야!

오랜만에
나왔지요!

똑바로 알아
똑바로 믿어
은총 받으라고요!

아 지영린 선생님
따님 말야!

똑바로 알아
똑바로 믿고
똑바로 바라려고
주님 앞에
나왔어!

이보다
더 의미 있는 일은 없고
이보다

더 보람 있는 일은 없고
이보다
더 기쁜 일은 없어!

그래서
축복 받고 있지!

하느님을 믿는 것
하느님을 친견하는 것
하느님과 말을 나누는 것
모두 하느님의 은총 없이는 이루어질 수 없다.

지영린 선생님은 나의 은사님이시다. 나를 키워주신 고마우신 분이시다. 평생 잊지 못할 분이시다. 선생님 은혜 감사하고 감사합니다.
선생님은 해방 후 한국농학을 이끌어주셨고, 한국녹색혁명의 주인공들을 길러내신 분이시다. 파란만장 겪으시고 말년에 요왕이라는 세례명으로 하느님 품안에 안기셨다.

이것 없이는 안 된다

네가 뭔데
그러느냐?

아직은 멀었다!

뭐가
멀었다는 것입니까?

처음서부터
성검(聖劍)을 쥐어준 다면
안 된다!

그런데 이제
곡예를 벌리고 있다!

말도 안 되는 일이다!

모든 조건을
다 갖추고 있어야
그리 할 수 있을 텐데!

그 조건은
하늘이 집혀주는
조건이다!

이것 없이는
안 된다!

나는 이것이
필요해!

하느님께서
구하시지요!

하느님께서
허락하시지 않으시면
안됩니다!

빠져 나가기 때문입니다!

왜
느닷없이?

돌보는 이가
없어섭니다!

뭐 카니?
돌보는 이?

내가
해 주마!

다만
나를 믿고
따라야 한다!

입을
맞췄다!

나에게
말했는데!

"가자!" 하고
함께 가거라!

축복의 길

그러면
발길이
환해지겠는데요?

그게
축복 아니겠습니까?

　　맞습니다!
　　그게 축복입니다!

　　끝나기 전에
　　한번
　　가보시지요?

　　그 길을
　　가보시지요!

축복의 길
말입니까?

그럴 수 있다면
얼마나 좋겠습니까?

그럴 수 있다면
얼마나 좋겠습니까?

사람이
살아가지고
그것을 이루지 못한다면
참으로 한심스럽습니다!

그럴 수 있다면
그 보다 더 큰 영광
있겠습니까?

맞아요!
맞아요!

축복祝福

이렇게
밥을 먹을 수 있다는 것만도
축복이야!
안 그래?

이렇게
침묵하고 있을 수 있다는 것도
축복이야!

침묵하시는
하느님 안에 있기 때문이야!

이렇게
하느님께 나아갈 수 있다는 것은
더더욱
축복이야!

이렇게
예수님을
하느님을

내 마음 안에
모실 수 있다고 하는 것은
참으로 축복의 축복이야!

내 마음 안에 모신
예수님을
하느님을
많은 사람들에게
반사(反射)해야지!
이 축복 나눠야지!

이글을
요셉님의 마음 품에 안고
귀국하시는 마리아 막달레나님과 나눕니다.
하느님을 마음에 안고 사시라고.

하느님의 축복祝福 1

기다려요!
좀 기다려요!

하느님의 축복이
내릴 것입니다!

반드시
내릴 것입니다!

꼭
기다려요!

오랜
기다림!

어머니!
축복하여 주세요!

그래야지!
그러고 말고!

하느님께서
하시는 일인데!

축복하여야
하고말고!

꼭
축복할게!

만민을
위한 건데
당연히
축복해야지!

하느님의 축복

이것을
몇 개 가질까?

토마토?

왜
하필이면
토마토일까?

토마토가
무엇이길래?

Countless advantages!
Benefits!

양식으로도 좋고
건강에 좋은 것이지!

하느님께서 주신
선물이야!

영적 양식이 되고!
영적 건강에 좋은 것이지!

이것을
내리시는 거야!

몸에도 좋고
영혼에도 좋은 것을
내리시는 거야!

이로써
내리시는
하느님의 축복이야!

그러니
감사하여야 하지 않겠어?

감사하여야지!
마땅히 감사하여야지!

생명 주시니
감사하여야지!

오늘이 크리스마스 날이다!
하얀 눈이 수북이 내린 화이트 크리스마스이다!

주님께서 주시는 축복

왜
이러시는 겁니까?

왜
이러시느냐고요?

그것은
한 가지다!

저 깊이에서
주는 축복이다!

네!
감사합니다!
감사합니다!

그런데 제가 그럴
자격이 있습니까?

내가
하는 일이다!

Torture 받는 것과
같아요!

Torture라니요?

누구를?
왜?
Torture 한다는 것입니까?

우선 너다!
너를 torture 한다는 것이다!

너의 잘못이 아니라
너의 게으름을
Torture하는 것이다!

게으른 것이
모든 잘못의
원안이 되기 때문이다!

그러니

매사 열심히 하거라!

네 남은 인생
열심히 하거라!

너 자신을 위해서
그리고 네 주변을 위해서
또 네 이웃을 위해서
열심히 하거라!

그러면
너에게
축복이 내릴 것이다!

아무 것도
하지 않고
축복을 바라는 것은
도둑질이다!

열심히 하면
꼭 받을 것이다!

너에게 만이 아니라
너에 관계된 사람들이
모두 축복 받으리라!

축복이란
일에 대한

응분의 상이다!

큰일 하면
큰 축복 받고
작은 일하면
작은 축복 받게
마련이다!

응분의 상

거기에 놓아 두시라구요
저의 모든 것이
그 안에 담겨 있습니다!

가만히 있어!
거기서 집어낼게!

무엇을 집어내신다고요?

You will get price from it!

누구로부터 무슨 상을
받는다고요?

그것은
사람이 주는 상이 아니야!
하나님으로부터 받는 상이야!

그 상은
응분의 상이야!

네가
얼마만큼 일했느냐에 따라
받게 되는 상이야!

큰일을 했으면
큰 상을 받고
작은 일을 했으면
작은 상을 받게 될 거야!

다 너에게
달렸어!

상을 받는 것
못 받는 것
큰 상을 받는 것
작은 상을 받는 것
모두 너에게
달렸어!

어!
그것 조심해!
잘못하면
거기에 눌러 앉아
그것을 버리게 할 수 있어!

아예 다 망쳐버릴 수도 있어!
상이고 뭐고 다 소용없이 되게
만들 수도 있어!

자신의 잘못이
그러한 과오를
범해서는 안 돼지!

그러므로
조심해야 해!

알겠느냐?

네!
잘 알겠습니다!

그를 떠나서는

왜
전화도 안 줘?

잘 있으니까
전화 필요 없어!

이게 좋으네!

좋은 것과 함께
잘 있다는 말씀이군요

좋은 것이 뭘까?

좋은 것이란
하느님께서
좋아하시는 것이고

잘 있다는 것은
편안히 평화롭게
있다는 것 아니겠는가?

하느님께서
바라시는 것과 있다면
좋지 않을 수 없지!

그러니까
좋으려면
하느님께서 바라시는 것과
함께 있어야 해!

그를 떠나서는
그를 이룰 수 없어!

다시 말하지!
그를 떠나서는
그를 이룰 수 없어!

그러니
그를 이룰 수 없어!

그러니
그를 떠나지 말고
그와 꼭 함께 하여
좋은 일
많이 갖도록 해!

이게
네가 바라는 것이고
내가 바라는 거야!

너는 행복하다

야!
너는
참으로
행복하다!

야!
너는
참으로
행복하다!

나와 함께 있으니
행복하다!

제가
갈 곳이
어딥니까?

바로
여기다!

나와

함께 있는
여기다!

제가
찾아야 할 것은
무엇입니까?

그것도
나다!

그러면
무엇을
해야 하겠습니까?

사랑이다!

머물다 가렴

말을
듣자 하니
네가
바로 로렌조라고?

네!
주님!

잘 왔다!

오랫동안
머물다 가렴!

주님!
여기가 어딥니까?

내가
있는 곳이 아니냐?

네!
그렇습니까!

그러니까
마음 푹 놓고
있다 가거라!

네!
감사합니다!
네!
감사합니다!

방
한 칸이 있어!
거기
있으려면
있어!

주님의 특별한 초대(招待)

오늘은 주님으로부터 초대(招待) 받은 특별한 날이다.
신앙생활(信仰生活) 50년 만에 처음으로 있는 일이다.
이것을 적고 있으니
이명(耳鳴)이 울린다.

무어라 말할 수 없는 특별한 은사(恩賜)다.
감사하여라! 감사하여라! 감사하여라!

초가을 나뭇잎

나는 살아있네
나는 붙어있네
나는 행복하네
나는 즐겁네
나는 찬미하네
나는 감사하네
하늘을 우러르며 노래하네
손뼉 치며 춤을 추네

·

나는 오늘 아침 일찍 일어나 일과로 바치는 기도를 하고
성서 50여 구절을 암송하고 나서 정좌하고
'너희는 나를 누구라고 생각하느냐?'
'수아호(誰我乎)', '아시수(我是誰)', 'Who am I?'를 화두(話頭)로써
되풀이했다. 약 10분 후에 나는 무아경(無我境)에 들었다, 다시 깨었다,
또 무아경에 들었다, 깼다 하였다.
이로써 나는 부처님의 마음, 하느님의 마음을 깨닫는 길을 처음으로 찾았다.

하느님께서 주시는 선물

나도
아직
그 뜻을 모르오!

하느님과
하나라는 것 외에는
아무것도 모르오!

하느님께서
나에게 주시는 선물이
바로 이것이요!

이것을
알게 하심이요!

그래서
이 뜻을 안다고 하는 것은
참으로 참으로
축복이요!

하느님께서 주시는
축복이요!
가장 큰 축복이요!

그러므로
이것을 받아 깨닫고
실현하는 것은
하느님의 뜻을
이루는 거요!

이것을 가능케 하는 것은
사랑이요!
하느님 사랑
이웃 사랑이요!

그래서
나는 길이요
진리요
사랑이라
하신 거요!

겨울 희망의 계절

This is the winter merit.
We love it.

Winter merit이란
무엇일까?

겨울의 즐거움
겨울의 풍성함

겨울은
즐거움만은 아니지!
고통과 외로움도
동반하지!

이런 것을
모두 맛보게 하는 것이
겨울이야!

겨울은
만물이 죽은 것 같지만
생동하는 계절이기도 하지!

만물을
눈으로 뒤덮여 버리는
계절이기도 하고!

그런 속에서도
살아남아야
다음 해
아름다운 봄을
맞이할 수가 있는 거야!

그래서 겨울은
희망의 계절을
준비하는 때이기도 하지!

무엇보다도
예수 탄생을
기다리고 맞이하는 때이지!

하느님께서는
그렇게 삭막한 계절에도
희망을 갖게 하여주시는
계절이 바로 겨울이야!

희망을 갖고
즐거워하라!

아버님 그만 일어나세요!

'아버님!
그럼 그만 일어나세요!'

며느리 수산나의 영혼이 나를 이렇게 깨웠다.
다음과 같은 나의 이전의 기록을 들쳐
다시 깊게 묵상하고 있었을 때
나는 무아경(無我境)에 들었다.
이때 수산나의 영혼이 그렇게 깨워준 것이다.

나의 기록은 이러한 것이다.
'선(禪) 수행(修行)으로 자유(自由)로운 경지에 도달한다면
그리스도인으로서 하느님의 영(靈)으로 충만하게 되어
영원한 생명을 깨닫고 행복한 삶을 영위하게 될 것이다.'
(이 글은 가도와키 가키치(門脇佳吉)의 禪과 聖書를 읽고 적은 것이다.)

42에 이 세상 하직한 며느리 수산나의 영혼이
나를 일깨워 준 것이다.
영원한 생명을 깨닫게 또 체험하게 일깨워 준 것이다.